U0799972

南方传媒智库丛书

经济粤动力

十看广东经济亮点

南方日报社◎编

南方日报出版社
NANFANG DAILY PRESS
中国·广州

图书在版编目（CIP）数据

经济粤动力 / 南方日报社编. -- 广州 : 南方日报出版社, 2019.7
ISBN 978-7-5491-2019-2

Ⅰ. ①经… Ⅱ. ①南… Ⅲ. ①区域经济发展－概况－广东 Ⅳ. ①F127.65

中国版本图书馆 CIP 数据核字(2019)第 137323 号

JINGJI YUE DONGLI
经济粤动力

编　　者：南方日报社
出版发行：南方日报出版社
地　　址：广州市广州大道中 289 号
出 版 人：周山丹
责任编辑：刘志一　李　哲
责任技编：王　兰
装帧设计：邓晓童
责任校对：裴晓倩
经　　销：全国新华书店
印　　刷：广州市岭美文化科技有限公司
开　　本：787mm×1092mm　1/16
印　　张：11.5
字　　数：150 千字
版　　次：2019 年 7 月第 1 版
印　　次：2019 年 7 月第 1 次印刷
定　　价：48.00 元

投稿热线：（020）87360640　　读者热线：（020）87363865

《经济粤动力》编写组

主　编：黄常开

副主编：郎国华

编　辑：谢思佳　谢美琴　郑佳欣
袁佩如　李　赫　张西陆

前言

发现中国经济的粤动力

2019年对于广东经济而言，注定是极不平凡的一年。

从国内看，严峻挑战与巨大机遇并存。一方面，经济运行稳中有变、变中有忧，外部环境复杂严峻，经济面临下行压力。另一方面，粤港澳大湾区建设加速推进，宏观经济保持平稳增长，三大攻坚战取得阶段性成效，“一核一带一区”区域发展新格局逐步成型。

从国际看，世界经济格局正在加速重构。5G、无人驾驶、新能源、大数据、物联网……各国、各地区围绕科技前沿和新兴产业制高点的竞争进入白热化的新阶段。

作为中国改革开放先行地和经济第一大省、外贸第一大省的广东，如何应对新挑战激发粤动力，支撑中国经济实现高质量发展，吸引着世人关注。

2018年3月，习近平总书记在参加十三届全国人大一次会议广东代表团审议时提出“四个走在全国前列”的殷切期望，要求广东“在构建推动经济高质量发展体制机制、建设现代化经济体系、形成全面开放新格局、营造共建共治共享社会治理格局上走在全国前列”。

牢记嘱托，广东向着高质量发展矢志笃行。广东省委、省政府全面贯彻落实党中央、国务院决策部署，多项经济指标稳居全国前列，多个领域呈现出喜人的发展势头。

——看创新驱动。全省研发投入占比提高到2.65%，有效发明专利达

24.9万件，PCT国际专利申请量约占全国一半，区域创新综合能力排名蝉联全国第一。

——看区域协调。北部生态发展区今年一季度整体增速比去年同期提高2.3个百分点，共建园区累计吸引337个超亿元工业项目落户，成为区域协调发展的重要引擎。

——看扩大开放。今年1—4月，广东外贸进出口总值为2.12万亿元人民币，占全国比重22.3%，新业态、新模式成为外贸稳定增长的新动力。

——看民企活力。今年一季度，广东民营经济实现增加值1.27万亿元，同比增长7.8%；民营经济单位1143.82万户，同比增长10.8%。

为系统阐析广东经济的喜人局面，生动展现广东经济发展的强劲活力，南方日报记者深入广东经济一线走访、调研、座谈，将全面提升“脚力、眼力、脑力、笔力”与深切认识和感受广东经济的潜力、动力、活力相结合，让报道脚步走进去，让发展声音走出去。

在广州南沙，我们看到满载着智能家居和穿戴设备等产品的“中欧班列”集装箱货柜车缓缓驶出南沙保税港区闸口——这是广东经济结构在加快转型。

在珠江两岸，我们看到南沙大桥提前建成通车，深中通道攻坚克难进入“沉管时光”，黄茅海大桥快马加鞭加紧前期筹备——这是广东经济地理在优化重塑。

在东莞大岭山镇，我们看到新兴的拓斯达科技公司每天生产着上百台机械手，正向全球招聘100余位高端研发人员——这是广东传统产业在升级再造。

在深圳南山区，我们看到人形机器人公司优必选的办公区、实验室甚至走廊上，随处可见研发人员在进行机器人调试，该公司仅用了6年时间就实现估值超过40亿美元——这是广东新兴产业在破浪前行。

走访调研归来，我们推出“十看广东经济亮点”系列报道，全面梳理广东经济发展的经验、成就、亮点和前景，从民营经济、科技创新、就业增长等多个方面，用事例阐述、数读图解、专家访谈等形式，形成了全媒传播、全景展现、重点突出、亮点纷呈的报道格局，引起广泛的社会反响。

现在，我们将系列报道集结成册，不仅是对此次报道工作的总结回顾，也是为广东经济面临复杂形势体现出的韧性和活力而鼓与呼，更是希望通过对广东经济转型发展的路径、方向、机制的梳理和总结，为中国经济在关键阶段的发展景象提供多视角结合、相对完整的横切面，为中国经济的高质量发展提供参照、增强信心。

2019年是新中国成立70周年，也是全面建成小康社会的关键之年。当今世界正经历新一轮大发展、大变革、大调整，大国战略博弈全面加剧，国际体系和国际秩序深度调整。站在这一特殊时间坐标上展望未来，中国经济的高质量发展离不开粤动力，广东经济的发展更加离不开新时代赋予的伟大使命和历史机遇。期待广东牢记嘱托，不辱使命，继续以“杀出一条血路”的改革魄力，奋勇争先，加快转型，在中国迈向社会主义现代化强国的伟大征程中再立新功。

目录

第一章　概览·十看经济

第二章　例解·广东行动

第三章　高瞻·专家访谈

第一章

概览·十看经济

民营企业座谈会半年，粤企化压力为活力

粤营收超百亿元民企首破百家

广东省工业和信息化厅2019年5月26日初步统计，目前广东营业收入超过100亿元的民营企业达109家，首次“破百”。

在习近平总书记主持召开民营企业座谈会和广东民营企业座谈会召开半年之际，广东民营经济活力迸发：

——一季度民营经济实现增加值1.27万亿元，同比增长7.8%；

——民营经济单位1143.82万户，同比增长10.8%；

——民间投资3754亿元，同比增长6.6%；

——民营企业出口总额4605.27亿元，同比增长8%。

面对错综复杂的外部环境，关注广东民营经济这一“风向标”的韧性和活力，实际上就是探寻中国经济高质量发展信心与动力的源头活水，进而凝聚共识，形成合力。

面对环境变化“走”还是“留”？

民营经济单位和从业人员分别比增10.8%、5.2%

2018年至今，全球贸易保护主义抬头、经贸摩擦频发，占贸易“大头”的广东民营企业受到影响。

面对环境的变化，是“关门”转行“赚快钱”，还是因循守旧不变通？

2019年初夏，广东佛山，非洲卢旺达企业代表团不远万里而来。

“在卢旺达，广东企业家早上注册公司，中午就能当CEO！”卢旺达参赞沙米尔中文熟练，热情介绍着该国投资环境。原来，从2014年起，非洲超过欧盟，成为佛山第二大贸易伙伴。

南海中辰钢结构公司近年在非洲设立基地，成为东非最大的钢结构企业。董事长龚武高兴地说：“东非共同体没有关税和贸易壁垒，是消化佛山制造产能的好地方。”

而在2019年一季度，东莞“广货”OPPO Realme手机“进场”不到一年，便冲进印度智能手机市场前四名。

“既不‘赚快钱’，也不‘一根筋’，而是化危为机。”谈起这些案例，广东经济学家陈鸿宇直言，广东民营企业灵活、有韧性。经过改革开放40年的历练，日益成熟的粤企通过“生产转移、总部留粤”“优选市场、消化压力”等手段，应对越来越有章法。

2019年5月，南方日报与省工信厅联合开展“实体经济十条”第三方评估调研，1380家受访规模以上企业自评：六成主导产品技术居全国和国际先进水平，七成企业将寻找新机遇，战胜挑战，追求新发展。

2019年，新晋世界500强雪松控股集团董事局主席张劲发布目标，到2021年将雪松打造成全球综合性产业集团，服务2亿人口，连接3万家企业。雪松看好的，正是粤港澳大湾区的新机遇。

“粤港澳大湾区是中国发展现代供应链产业的最佳区域。”雪松控股相关负责人说，大湾区聚集中国80%的供应链企业，300多个特色产业集群，物流发达，消费潜力巨大。大湾区的建设，为供应链产业高质量发展和在全球竞争中“弯道超车”提供全新平台。

外头冷，“家里”热。2018年至今，广东连续召开“粤商·省长面对面协商座谈会”，深入听取企业家诉求；还建立“省长直通车”，企业有问题，可直接向省长反映。

截至2018年底，全省修改了5件不利于民营企业权益保护、民营经济发展的规章，清理取消了1099项原需企业提交的证明事项。

2019年一季度，广东民营经济增加值同比增长7.8%，规模以上民营工业企业增加值增长11.5%。民营经济单位和从业人员分别增至1143.82万户、3703万人，同比分别增长10.8%、5.2%。

面对转型压力“退”还是“进”？

技改投资同比增长11%　民间投资同比增长6.6%

眼下，东莞再次吸引各方目光。腾讯发布的《2019春节出行预测大数据报告》显示，春节“空城”指数最高的十大城市，东莞排在深圳之后，位居全国第二。这是反向指标，春节城越空，外来人口越多，经济活力、城市吸引力越强。

近年来，东莞春节后返岗人群结构悄然改变。两个月前，东莞第九次面向海内外引进创新创业领军人才，从追求“人口红利”向追求“人才红利”蝶变。

在曾经的中国家具出口第一镇东莞大岭山镇，传统产业积极破局之际，新兴的拓斯达科技公司每天生产着上百台机械手。该公司正向全球招聘100余位高端研发人员，对硕士学历人才需求超50%。

该市五株科技行政总裁曾国权感叹：“近年来，工厂员工总量没变化，但一线工人明显减少，技术、研发、管理人才明显增多。”

在东莞德尔能新能源公司电池车间里，传统生产线被机器人替代，50多名一线工人，全部都是大学毕业。

珠三角之外，在纺织等传统产业集聚的粤东汕头市，新涌现出的两家工业设计院引人注目，这意味着当地民营企业家转型创新的市场需求正在勃发。

在当前结构调整过程中，行业集中度上升，传统发展模式困难增大，高质量发展的优势企业胜出。面对转型压力，是“退”还是“进”，早已不言而喻。

“广东民营企业只能走自主创新之路。”商务部原副部长、中国国际经济中心副理事长魏建国提出，外部经济环境日益多变，只有坚持创新的粤企才会感到政策越来越给力，只有经得起“挑刺”的粤企才能越走越稳，聚焦战略性新兴产业将有广阔发展空间。

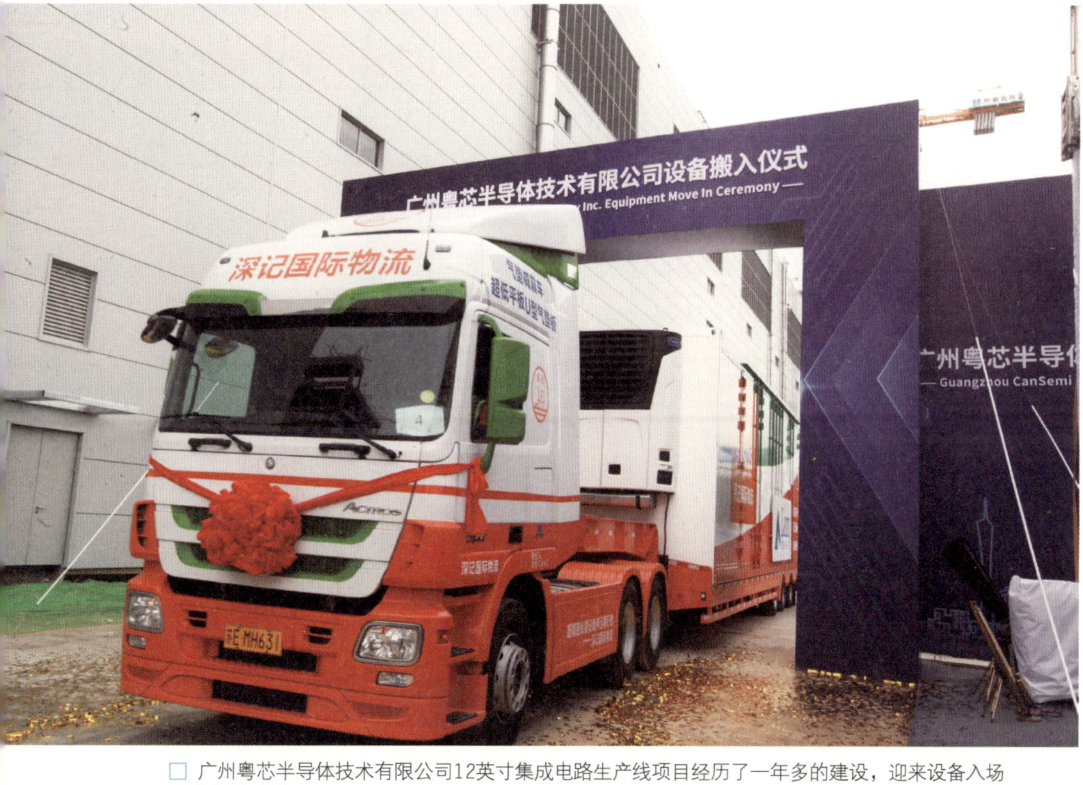

□ 广州粤芯半导体技术有限公司12英寸集成电路生产线项目经历了一年多的建设，迎来设备入场（梁文祥 摄）

2018年以来，广东大力发展7大战略性新兴产业，民营企业主动选择技改提升产能和技术更新换代。处在市场前沿的广州粤芯半导体公司副总裁李海明说：“随着物联网、汽车电子、5G等创新应用，2019年模拟芯片需求稳步上升。”该公司建设广州首条12英寸集成电路生产线，力争2019年9月实现量产。

2019年一季度，广东工业技术改造投资同比增长11%，民间投资同比增长6.6%。据南方日报“实体经济十条”第三方评估调研统计，两万家受访粤企平均智能升级投资超过300万元；除了广深莞企业投资不菲，粤北河源企业的投资超过了部分珠三角地市；高端装备制造、新一代信息技术等行业投资最为密集。

面对政策需求须舍“慢”求“快”

“实体经济十条”累计降低成本约1746亿元

广东省委、省政府一贯重视扶持民营企业发展。面对近年民营经济快速变化的新形势，广东省打出一套雷厉风行、注重效率的“组合拳”。

“实体经济十条”“外资十条”出台一周年便迅速迭代更新，分别推出修订版，加码支持力度；广东开办企业只需5天搞定，比国家要求快了3.5天；工程建设项目审批时间压至100个工作日，比国家要求快了20个工作日……

2018年11月1日，习近平总书记主持召开民营企业座谈会。3日后，广东省委、省政府迅速召开民营企业座谈会，要求把习近平总书记重要指示转化为鼓励支持民营经济发展的一项项政策、一件件工作，聚焦民营企业所思所想、所急所盼，采取更有力度、更有温度的政策措施。

随后，广东在全国率先出台《促进民营经济高质量发展的若干政策措施》（“民营经济十条”）。省政府成立中小企业（民营经济）发展工作领导小组，由省长担任领导小组组长。

据统计，广东“实体经济十条”从2017年8月实施到2019年一季度，已累计为企业降低成本约1746亿元。人民银行广州分行透露，截至2019年3月末，广东民营企业贷款余额4.09万亿元，同比增长13.7%。“促进就业九条”为18.4万家企业发放稳岗补贴。

“明阳减免税费近2亿元，我们把钱又投入到创新研发和技术改造上。”明阳智慧能源集团董事长张传卫给记者算账说，这笔钱用在技术改造上，可建设4条机器人叶片生产线；用在研发上，可研发两款大型风电整机！

腿脚再快，不如信息快。眼下，广东正全面实施“二十四证合一”改革，让企业办事“零见面、零跑动、零收费、无纸化”，随着“数字政府”建设的提速，广东民营企业发展将越来越舒心。

南方日报 南方+

| 一图读懂 |

十看广东经济亮点

这就是信心！广东营收超百亿民企首次超百家

广东省工业和信息化厅5月初步统计，广东营业收入超过100亿元的民营企业达109家，首次“破百”。

在外部经贸环境错综复杂的当下，充满活力的广东民营经济意义重大。

关注这一“风向标”的韧性和活力，实际上就是探寻中国经济高质量发展信心与动力的源头活水，进而凝聚共识，形成合力。

南方日报、南方+记者通过采访和调研发现，广东民营企业有信心，应对挑战有办法。

1 2019年一季度数据亮眼

- 广东民营经济实现增加值1.27万亿元，同比增长7.8%
- 民营经济单位1143.82万户同比增长10.8%
- 从业人员3703万人，同比增长5.2%
- 广东工业技术改造投资同比增长11%
- 民营企业出口总额4605.27亿元同比增长8%

2 政策“组合拳”效果显现

- 从2017年8月广东“实体经济十条”实施到2019年一季度，已累计为企业降低成本约1746亿元。
- 截至2019年3月末，广东民营企业贷款余额4.09万亿元 同比增长13.7%
- “促进就业九条”为18.4万家企业发放稳岗补贴，保障粤企员工在经贸摩擦期间不下岗。
- 广东开办企业只需5天即可“搞掂”，比国家要求快了3.5天；工程建设项目审批时间压至100个工作日，比国家要求快了26个工作日……

3 民营企业家主动出击

- 南方日报与省工信厅近期联合开展“实体经济十条”第三方评估调研，1380家受访规上企业自评：六成主导产品技术居全国和国际先进水平。
- 上述评估调研中，2万家受访粤企平均智能升级投资超过300万元；除了广深莞企业投资不菲，粤北河源企业的投资超过了部分珠三角地市；高端装备制造、新一代信息技术等行业投资最为密集。

经济粤动力

4 为什么民营经济称得上“风向标”？

2018年，广东民营经济贡献了全省50%以上的地区生产总值、60%左右的投资、70%以上的创新成果、80%以上的新增就业和95%以上的市场主体。

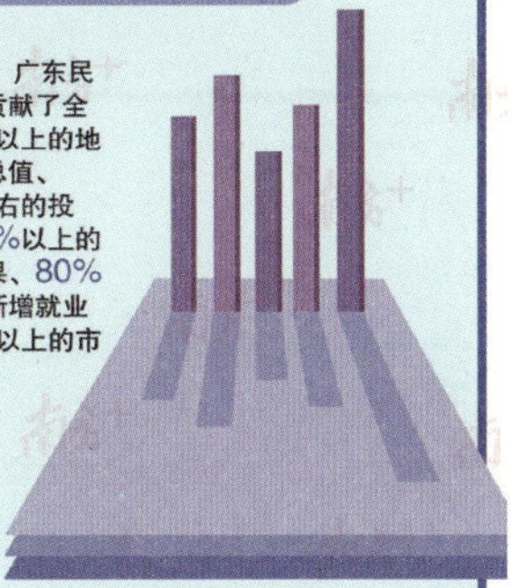

5 为什么民企有活力?

广东经济学家陈鸿宇说，广东民营企业灵活、有韧性。经过改革开放40年历练，日益成熟的粤企通过“生产转移、总部留粤”“优选市场、消化压力”等手段，应对越来越有章法。

商务部原副部长、中国国际经济中心副理事长魏建国解释说，外部经济环境日益多变，只有坚持创新的粤企才会感到政策越来越给力，只有经得起“挑刺”的粤企才能越走越稳，聚焦战略性新兴产业将有广阔发展空间。

【策划】郎国华
【统筹】谢美琴 郑佳欣 黄应来
【记者】苏力
【图表】麦瑜瑜
【视觉统筹】邱洪添
【校对】杨远云

快评

为啥广东民企特别有韧性？

扫二维码收听本篇广东经济快评

广东省工信厅近日透露，广东营业收入超过100亿元的民营企业达109家，首次“破百”。此外，2019年一季度广东民营经济增加值同比增长7.8%，民营经济单位和从业人员双增长、民间投资和技改投资双增长，大伙担心的民企出口，也同比增长8%。

在全球贸易环境错综复杂的当下，有韧性、有活力的广东民营经济意义非凡。

为啥广东民企“特能扛”？广东经济学家陈鸿宇说，广东民营企业灵活、有韧性。改革开放40年历练后，成熟的粤企通过“生产转移、总部留粤”“优选市场、消化压力”等手段，应对越来越有章法。

当然，也要看到，只有坚持创新的粤企才会感到政策越来越给力，只有经得起“挑刺”的粤企才能越走越稳，聚焦战略性新兴产业将有广阔发展空间。

（苏力　陈晓）

技术变革　驱动新兴　产业链形成

广东省4万多家规上工业企业35%设立研发机构

创新是第一动力。在新一轮产业技术变革中，唯有持续创新者才是最后赢家。

当前，广东省大力推进科技强省建设。最新数据显示，截至2019年3月，全省4万多家规模以上工业企业中，设立研发机构的已达35%。

科技研发投入不断攀升，为广东省经济高质量发展注入了不竭力量。记者从省统计局、省工信厅了解到，2019年一季度广东省新经济增加值占地区生产总值比重为25.1%，同比增长7%。新旧动能转换加快，新经济产业链正加快形成：

——4K电视销量648.9万台，同比增长44.4%；

——新能源汽车产量同比增长252.1%；

——新一代信息技术产业增加值1405.52亿元，增长8.7%。

新产业、新模式、新业态的集聚发展，正是企业在自主创新征程上奋蹄疾进的生动写照。新经济正成为拉动广东省经济增长的新引擎，也是角逐全球科技高地的关键一环。

从新能源汽车看新旧动能转换

2019年首季全省新能源汽车产量增长252.1%

位于广州番禺的广汽新能源智能生态工厂内，带有3D自动决策的数十个机器人正在忙碌工作。这家总投资47亿元，首期生产能力为20万辆/年的智能生态工厂，正在刷新广东新能源汽车"智造"的新高度。

科技创新加快，释放出汽车绿色化、智能化发展的强劲动能，这样的改变在市场上迅速得到正向反馈。

省工信厅数据显示，在汽车制造业整体同比下滑的大环境下，广东2019年一季度新能源汽车产量增长252.1%，远超全国新能源汽车增幅。

"我们不是一家传统的汽车制造企业，而是一家科技公司。"广汽新能源副总经理席忠民说。数据显示，广汽集团2019年一季度共销售新能源车型同比增长71%，新能源业务已成为广汽集团一个强有力的新增长点。

随着广汽智能生态工厂投产，全球汽车产业高端创新要素聚拢，未来将进一步推动广东省新能源与智能网联汽车的发展，一个世界级的"汽车硅谷"生态圈正在加速形成。

"中国新能源汽车已经驶入'快车道'，正迎来更大规模的市场'爆发期'。"比亚迪汽车董事长王传福表示。

官方数据显示，比亚迪2019年一季度新能源汽车的销量达到7.3万辆，同比激增147%。受此带动，比亚迪2019年一季度净利润同比增长632%，达到了7.5亿元。

在新能源汽车之外，人工智能、4K电视、生物医药、新一代信息技术等战略性新兴产业发展提速，产业集群建设初具规模。

2019年5月9日，2019世界超高清视频（4K/8K）产业发展大会在广州举行，广东超高清视频产业发展试验区建设正式启动。

一幅新兴产业蓝图正勾勒出美好未来。根据《广东省超高清视频产业发展行动计划（2019—2022年）》，到2022年全省超高清产业视频总体规模超8000亿元，将建成3个世界级超高清视频产业集群。

战略性新兴产业成为广东省新经济增长的原动力。2019年一季度，广东新经济增加值5984.91亿元，占地区生产总值的比重为25.1%。广州市社会科学院常务副院长张强认为，新经济增加值占全省地区生产总值比重超1/4，数据相当可观。“这说明在经济体系当中，超1/4的产值是基于创新动力所产生的，创新驱动战略成效显著。”

从科技园区看研发投入提升

通过自主研发获得主导产品技术企业占比69%

南山科技园，这里被誉为深圳创新的“热带雨林”，汇聚了腾讯、华为、优必选等百余家科技企业。据不完全统计，仅园区内的企业总市值就超过了4万亿元。

一家家高新技术企业从这里壮大，迈向全球市场。2018年，南山区地区生产总值达到5018亿元，共培育国家级高新技术企业3500余家，覆盖人工智能、大数据、量子通信、生物医药等战略性新兴产业。

南山科技园和它所在的南山区，不仅刷新了广东科技企业的市值密度，也折射出广东省科技创新的路径——企业是创新发展的主体，自主研发是企业取胜的关键。

在机器人公司优必选的办公区、实验室甚至走廊上，随处可见研发人员随时进行机器人调试。一不小心，就有一个机器人从记者脚边溜过。

“我们成功的关键在于公司拥有自主研发的伺服舵机技术，而且研发投入逐年提升。”优必选创始人兼首席执行官周剑说。仅用了6年时间，优必选就成长为估值超过40亿美元的人形机器人公司。

目前，全省4万多家规模以上工业企业中，设立研发机构的已达35%，主营业务收入5亿元以上的工业企业实现全配备。预计到2020年底，广东规上工业企业研发机构覆盖率将提升到40%以上。

守正笃实，久久为功。研发的投入很难立马见效，对关键技术的突破需要持久发力。

腾讯高度重视研发投入。从过去五年的财报来看，腾讯的研发投入占营业总收入的平均值为7.94%。

企业主体投下的研发力量，正在转变成增长的动力源，带来了营收和利润的双增长。2019年5月16日，腾讯公布了2019年第一季度财报，营收854.7亿元，同比增长16%；净利润为272.1亿元，同比增长17%。二者超越预期的业绩表现，大大提振了行业士气与信心。

专家指出，粤企在科技创新的主导性不断增强。近期，南方日报与省工信厅联合开展“实体经济十条”第三方评估调研，调研结果也验证了上述观点——对1380家规模以上受访粤企反馈统计发现：通过自主研发获得主导产品技术的企业，占比为69%；近一年内有产品创新的企业，占比为64%。

从科创走廊看创新要素大流动

大湾区高新技术企业超过4万家

深圳福田的粤港澳青年创新创业工场，一场大湾区科技人才招聘会正在进行；在香港科技园，由香港高校团队与中国移动联合研发的5G自动驾驶车正在路段测试；澳邦药厂有限公司行政总监蔡健华频繁往返珠海横琴与澳门两地，2019年4月公司进驻了粤澳合作中医药科技产业园……

随着广深港澳科创走廊建设的提速，创新要素在粤港澳大湾区加速流动，重组聚合并形成巨大的经济能量辐射到更远的区域。

“我们研发的是机器人，通过3D机器视觉技术，机器人可以自动感知物体位置。”显扬科技入驻了粤港澳青年创新创业工场，其创始人、总经理丁克表示，越来越多创客在大湾区寻找机会。

创新工场位于深圳和香港的边界，一江之隔就是香港。每天早上，不少香港青年从口岸过关，开始了大湾区的日常通勤。

香港创客何耀威就是其中一个，每天往返深港两地。他创办的舒糖讯息科技（深圳）有限公司刚刚完成了第四轮融资。“我们赶上了粤港澳大湾区发展的快班车。”他说。

受益于科创走廊的链接作用，合作模式正在跳出城市之间的联动，立足整个粤港澳大湾区，面向全球整合资源，一个产学研的大湾区全新圈层正在出现。

最新数据显示，大湾区研发经费支出占地区生产总值比重达2.7%，

□ 深圳南山科技园（朱洪波 摄）

处于国际一流水平，有超过4万家高新技术企业、超过40万名从事研发的科学家和工程师。

2019年2月18日，《粤港澳大湾区发展规划纲要》（以下简称《规划纲要》）正式发布，推进“广州—深圳—香港—澳门”科技创新走廊建设，探索有利于人才、资本、信息、技术等创新要素跨境流动和区域融通的政策举措。

一直以来，香港、澳门被认为拥有高校、科研、金融、国际化等方面的优势，广州则有发达的外贸及电子信息产业，深圳拥有完善的科创产业链条，东莞、佛山等地沉淀着雄厚的制造业基础。

广深港澳科创走廊，成为推动粤港澳大湾区创新驱动的强劲“新引擎”。

就在《规划纲要》发布前期，广东省《关于进一步促进科技创新的若干政策措施》也正式印发实施，提出一系列突破性政策措施。其中提到，支持港澳高校、科研机构牵头或独立申报广东省科技计划项目。

省财政科研资金过境港澳使用，成为粤港澳大湾区创新要素流动新的突破点。

“粤港澳大湾区能不能成为一流湾区，关键要靠创新，要打破体制、利益约束，更好集聚和配置创新资源，实现全湾区资源的有效集聚和一体优化配置。”著名经济学家、国家发展改革委原副秘书长范恒山如是说。

南方日报 南方+ 新媒体实验室

一图读懂 | 十看广东经济亮点

新经济崛起！
广东一季度产业增长亮点在这

创新是第一动力。在新一轮产业技术变革中，唯有持续创新者才是最后赢家。

一季度全省新经济增加值占地区生产总值比重为25.1%，同比增长7%。新旧动能转换加快，新经济产业链正加快形成。新经济正成为拉动全省经济增长的新引擎，也是角逐全球科技高地的关键一环。

1 新经济增加值占GDP25.1%

一季度，广东实现新经济增加值同比增长7%，高于同期地区生产总值增速0.4个百分点，占地区生产总值比重为25.1%，其中：

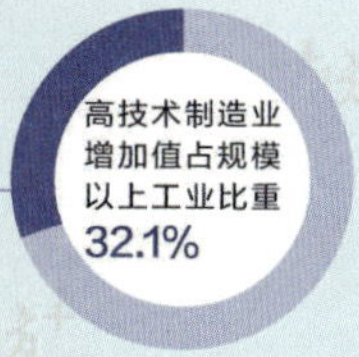

●新能源汽车同比增长252.1%，远超全国新能源汽车增幅

●碳纤维增强复合材料增长85.5%

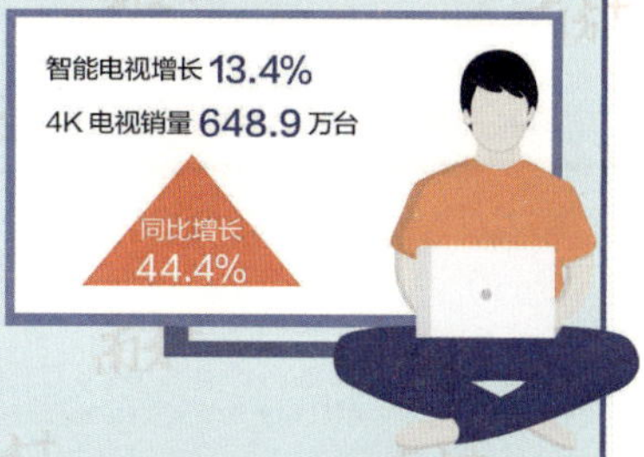

●新一代信息技术产业增加值1405.52亿元，增长8.7%

●高技术制造业投资保持活跃，一季度增速高于同期工业投资10.7个百分点

小结 广州市社会科学院常务副院长张强认为，新经济增加值占全省地区生产总值超1/4，比重可观。“这说明在经济体系当中，超1/4的产值是基于创新动力所产生的，创新驱动战略成效显著。”

2 全省研发投入持续攀升

●目前，全省4万多家规模以上工业企业中，设立研发机构的已达35%，主营业务收入5亿元以上的工业企业实现全配备。预计到2020年底，广东规上工业企业研发机构覆盖率将提高到40%以上。

●对关键技术的突破需要持久发力，以腾讯为例，企业高度重视研发投入。从过去五年的财报来看，腾讯的研发投入占营业总收入的平均值为7.94%。企业主体投入的研发力量，正在转变成增长的动力源，带来了营收和利润的双增长。

5月16日，腾讯公布了2019年第一季度财报

营收 854.7亿元

同比增长16%

净利润 272.1亿元

同比增长17%

超越预期的业绩表现，大大提振了行业士气与信心

●近期南方日报与省工信厅联合开展“实体经济十条”第三方评估调研，根据对1380家规模以上受访粤企反馈统计：

类别	占比
企业通过自主研发获得主导产品技术	69%
近一年内有产品创新的企业	64%
有流程创新的企业	68%
智能升级目的是提高产品档次和附加值的企业	46%

3 创新要素在粤港澳大湾区加速流动

最新数据显示

大湾区研发经费支出占GDP比重达2.7%

处于国际一流水平

有超过4万家高新技术企业

超过40万从事研发的科学家和工程师

2019年1月，广东省《关于进一步促进科技创新的若干政策措施》正式印发实施，提出一系列突破性政策措施。

其中提到，支持港澳高校、科研机构牵头或独立申报广东省科技计划项目。省财政科研资金过境港澳使用，成为粤港澳大湾区创新要素流动新的突破点。

小结 著名经济学家、国家发展改革委原副秘书长范恒山认为，要使得粤港澳大湾区成为一流湾区，关键要靠创新，要打破体制、利益约束，更好集聚和配置创新资源，实现全湾区资源的有效集聚和一体优化配置。

策划：郎国华

统筹：谢美琴 郑佳欣 黄应来

文本：彭琳 李赫

视觉统筹：张西陆 谭唯

制图：吴颖岚 潘洁

校对：杨远云

数据来源：省统计局 省工信厅 南方评估

南方网红 彭琳工作室

快评

广东新经济崛起！背后释放出哪些信号？

扫二维码收听本篇广东经济快评

在新一轮产业技术变革中，唯有持续创新者才是最后赢家。

近日，广东省统计局、省工信厅最新数据显示，2019年一季度广东省新经济增加值占地区生产总值比重为25.1%，同比增长7%。

其中，4K电视销量648.9万台，同比增长44.4%；新能源汽车产量同比增长252.1%；新一代信息技术产业增加值1405.52亿元，增长8.7%……

一场新旧动能转换的“大戏”正在广东上演，新经济产业链加快形成。

同时，截至2019年3月，全省4万多家规模以上工业企业中，设立研发机构的已达35%。预计到2020年底，广东规模以上工业企业研发机构覆盖率将提升到40%以上。科技研发投入不断攀升，为我省经济高质量发展注入了不竭力量。

广州市社会科学院常务副院长张强认为，新经济增加值占全省地区生产总值比重超1/4，数据相当可观。“这说明在经济体系当中，超1/4的产值是基于创新动力所产生的，创新驱动战略成效显著。”

（彭琳　李赫）

广东交通投资保持高位增长，深中通道、黄茅海大桥等加快建设

规划12条跨江通道 “桥”见湾区澎湃活力

在深圳机场码头往西约7公里的海面上，一座菱形岛成为珠江入海口的新地标，这里是深中通道的西人工岛，是跨海大桥和海底隧道交会点。

从西人工岛继续往西，建设者们日夜兼程，正筑起一道连绵不断的海上钢铁“长城”。

“火”起来的大桥建设，成为广东经济发展的一抹“亮色”。2018年，港珠澳大桥建成通车为“广东的桥”写下时代注脚，广东交通基础设施投资获国务院督查激励。2019年1—4月，广东交通固定资产投资高位快速增长，全省交通基础设施建设投资570.2亿元，完成年度计划的47.5%，同比增长35.7%。

与此同时，南沙大桥不负重托提前建成通车，深中通道攻坚克难进入“沉管时光”，黄茅海大桥快马加鞭加紧前期筹备……珠江口大桥建设的澎湃“热力”，正是广东经济精气神的缩影，展现出广东坚定不移推动高质量发展的强大定力，演绎着粤港澳大湾区加速崛起的蓬勃活力。

立足大湾区互联互通珠江口形成一股强大向心力

在中国桥梁建设的热力图上，走近珠江口这些超级大桥，也是在感受广东经济的脉搏。

这里有自主创新、转型升级的勇气——

走进深中通道沉管隧道工程钢壳制造的广船国际南沙厂区智能车间，鲜见工人的身影，却到处是热火朝天的生产景象：一片片钢材在数字化的切割车间加工，再与自动化切割的零件组成小组件，然后组成块体。在另一端，“大手臂”正将四个块体拼成一个小节段，要22个这样的小节段才能最终拼接成1个165米长的标准管节。“建造1个管节需要6个月的时间，全过程都是使用自主研发的智能生产线，第一个管节很快将在年底沉放。”深中通道项目GK01标总工程师龙汉新表示。

这里有逢山开路、遇水架桥的志气——

在深中通道伶仃洋大桥建设现场，500多名建设者常驻海上，日夜奋战，为这座“漂在海上”的特大悬索桥扎牢了东桥塔的56根桩基。“整座桥身重量达到30万吨，靠的就是东西两座高270米的主塔和东西两座海中锚碇撑起来，我们将再次创造桥梁史上的第一。”深中通道管理中心桥梁工程师陈炳耀说。

这里有时不我待、日夜兼程的朝气——

不久前，在同一片海域，南沙大桥正式通车，一举创下了多个“世界之最”。“80后”的项目副总工程师鲜荣没有停下前进的步伐，又立即投身到吹响开工冲锋号的黄茅海大桥项目。从高栏港出发，对接香港，直通粤西，黄茅海大桥将用3年打通港、珠、江，彻底改变粤西沿海地区与大湾区核心区域通道单一的现状。“粤港澳大湾区的建设迈出坚实脚步，我要延续在南沙大桥的精神和状态。”鲜荣说。

超级大桥的蓬勃建设，互联互通的迫切需求，折射的正是广东经济迎难而上的底气、长风破浪的后劲。

与上一轮大会战相比，广东当前的交通基础设施项目大建设明显有本质上的不同：领域更广、立意更高、目光也更为深远——立足大湾区互联互通，为广东经济“强筋健骨”。

“事实上，珠江口共规划建设12条公路铁路跨江通道。”据省交通运输厅相关负责人介绍，其中公路通道7条，分别是珠江黄埔大桥、莲花山通道、南沙大桥、虎门大桥、深茂铁路公铁两用大桥（公路桥）、深中通道、港珠澳大桥；铁路通道5条，分别是广深港高速铁路、佛山至东莞城际轨道、深茂铁路公铁两用大桥（铁路桥）、中山—南沙—虎门城际轨道、深圳至珠海城际轨道。

澳门企业家刘艺良认为，香港辐射能力巨大，澳门又是中国内地对接葡语系国家的重要平台，珠江口大通道让大湾区形成更加完美的闭环，将给内部的城市带来新的经济机遇。

□ 2019年6月26日，深中通道工程沉管隧道首节钢壳顺利出运（肖雄 摄）

烟波浩渺的珠江水，礁石险滩挡不住其奔腾向前，珠江口正在形成一个强大的向心力，一个新的全球经济引擎正在迅速崛起。

产业布局走向大桥激活湾区城市“桥头经济”

一座桥，打通天堑阻隔，不仅连接起大桥两岸，更连接起产业界、经济圈、历史与未来。

2019年的“五一”小长假，南沙迎来了旅客井喷：南沙各大酒店整体平均预订率超80%，部分酒店已经出现了预订爆棚现象。

南沙大桥的作用是显而易见的，2019年“五一”期间，南沙大桥日均车流量达15.61万次。“交通顺畅后，沉寂多年的南沙成了价值洼地，旅游和经济都得到激发。”华南城市研究会副会长孙不熟认为。

另一端的桥头，投资额超7亿元的沃尔玛华南生鲜配送中心在东莞沙田刚刚落成运营，该项目是沃尔玛在中国单笔投资额度最高的项目，也是沃尔玛在中国首个定制化设计建造的配送中心。该项目从2019年下半年开始，将为沃尔玛在整个粤港澳大湾区范围内乃至广西等地提供商品配送服务。南沙大桥的开通，是沃尔玛将项目选址于沙田的重要原因。

香港也把目光瞄准了“桥头”，提出“明日大屿”计划，倡议将邻近港珠澳大桥的大屿山发展成为香港第三个核心商业区，以及连接粤港澳大湾区乃至全世界的“机场城市”。

此外，湾区内其他城市也纷纷在“桥头”上做文章，东莞推出了滨海湾新区，中山依托深中通道打造翠亨新区，珠海全面对接港珠澳大桥，相对较远的佛山则选择和广州、中山联合开发南沙港。

香港“一国两制”研究中心副研究主任黄晓琳表示，“桥头经济”指大型交通枢纽所在的位置，被视为策略性的经济跳板，吸引各类优势资源聚集。珠江口这些大桥的桥头区域，具有“海、陆、空、铁”多重优势，是对接“一带一路”的前沿阵地，将激发大湾区的无穷活力。

“世界需要中国，全球经济增长离不开中国的持续发展。”IMF总裁拉加德曾如此评价。站上“桥头”的粤港澳大湾区坚信：门越开越大，路就能越走越宽。

大桥如齿轮咬合“创新轴”驱动湾区大型“孵化器”

“作为常年来往于香港和南沙的人，我最关心的还是交通状况，南沙大桥使得往返粤港变得更方便。”现在，每周五晚上，高民都会驱车返回香港家中，南沙大桥是他的重要路径之一。大学毕业后，他便来到南沙的香港科技大学霍英东研究院工作。

如今，广州到东莞再延伸至深圳、香港、澳门，成为夜景卫星图中灯光最璀璨的区域之一。起于广州南沙、止于东莞沙田的南沙大桥正在这片区域“穿针引线”。

一座座大桥，犹如一个个齿轮，咬合起粤港澳大湾区的“创新轴”。这里有一股信心，决心牵引着“创新轴”传动赋能，形成湾区经济的大型“孵化器”，孕育湾区“创新生命力”。

更密集的大桥正在推动更强的协作。依托深中通道的便利，哈工大机器人（中山）无人装备人工智能研究院在翠亨新村揭牌，将深入对接广深港澳科技创新走廊。

更有效的连接正在开拓更多的可能性。香港青年刘颖的公司入驻东莞松山湖国际机器人产业基地。“我们在香港进行研发，再在东莞大规模生产。”她表示，依托大湾区越来越便利的交通，将进一步拓展产品在珠江西岸的市场，“有信心创造让世界惊叹的产品”。

更便利的交通正在吸引更多的人才。“南沙和香港的距离很近，现在又有南沙大桥、广深港高铁等多种交通方式方便两地往来，加上重磅创新的人才政策，相信会吸引越来越多的港澳青年人才来南沙创业。”2017年来到南沙创业的香港大学名誉教授辛伟贤，从事新材料应用与研究20多年，目前在企业已经成功完成新型含氟电池电解液添加剂开发。

如今，“创新轴”的一角——深圳南山联合总部大厦，光峰科技创始人李屹正信心满满地谋划“激光显示”时代，他创办的公司在科创板的上市申请近期正式被受理。

如同光峰科技，一波又一波由粤港澳大湾区孵化而生的企业，正在“创新轴”中不断前进拓展，链接国际创新资源，探寻自己的“世界坐标”，书写中国经济活力的新篇章。

南方日报 南方+ 新媒体实验室

一图读懂 | 十看广东经济亮点

“桥”见广东经济新活力！

1-4月广东交通固定资产投资保持高位增长

广东省交通运输厅最新数据显示，2019年1-4月，广东交通固定资产投资高位快速增长，全省交通基础设施建设投资570.2亿元，完成年度计划的47.5%，同比增长35.7%。

其中，“火”起来的大桥建设，成为广东经济发展的一抹“亮色”。南沙大桥不负重托提前建成通车，深中通道攻坚克难进入“沉管时光”，黄茅海大桥快马加鞭加紧前期筹备……珠江口大桥建设的澎湃“热力”，正是广东经济精气神的缩影，展现出广东坚定不移推动高质量发展的强大定力。

1 全省交通基础设施建设

4个月完成年度近半计划

2019年1-4月

同比增长 35.7%

全省交通基础设施建设共完成投资570.2亿元 为年度计划的47.5%

其中高速公路完成投资395.1亿元 为年计划的44.9%

同比增长 43.6%

2 拥抱“大桥”时代

珠江口共规划建设12条公路铁路跨江通道

其中公路通道7条：

- 珠江黄埔大桥
- 莲花山通道
- 南沙大桥
- 虎门大桥
- 深茂铁路公铁两用大桥（公路桥）
- 深中通道
- 港珠澳大桥

铁路通道5条：

- 广深港高速铁路
- 佛山至东莞城际轨道
- 深茂铁路公铁两用大桥（铁路桥）
- 中山—南沙—虎门城际轨道
- 深圳至珠海城际轨道

3 大桥激活大湾区“桥头经济”

南沙大桥通车前夕，投资额超7亿元的沃尔玛华南生鲜配送中心在东莞沙田落成运营

港珠澳大桥通车前夕，香港提出“明日大屿”计划，倡议将临近港珠澳大桥的大屿山发展成为香港第三个核心商业区

依托虎门大桥和南沙大桥，东莞推出滨海湾新区

依托深中通道，中山将全力打造翠亨新区

策划：郎国华
统筹：谢美琴 郑佳欣 黄应来
记者：李赫 袁佩如
数据来源：广东省交通运输厅
视觉统筹：张西陆 谭唯
图表：潘洁 吴颖岚
校对：杨远云

南方网红 袁佩如工作室

快评

走近珠江口，在这里“桥”见广东经济新活力！

扫二维码收听本篇广东经济快评

广东省交通运输厅最新数据显示，2019年1—4月，广东交通固定资产投资高位快速增长，全省交通基础设施建设投资570.2亿元，同比增长35.7%。

其中，“火”起来的大桥建设，成为广东经济发展的一抹“亮色”。

如今走近珠江口，我们看到南沙大桥已是车来车往，深中通道进入“沉管时光”，黄茅海大桥快马加鞭加紧筹备……珠江口大桥建设热火朝天的澎湃“热力”，是广东经济加速迈向高质量发展的一个缩影。

大桥“穿针引线”，粤港澳大湾区成为全球夜景卫星图中灯光最璀璨的区域之一，科创要素在其中加快流动。

未来，12条跨江通道共跨珠江口，将为大湾区带来更加完美的交通闭环，带来新的经济发展机遇。

（李赫　袁佩如）

消费升级类商品消费、新兴服务业增长快

打造国际消费湾区潜力足

“五一”假期广东旅游火爆的场景余温未消，端午小长假又将到来。笔者从国内大型在线旅游平台携程获悉，2019年5月15日以来，端午节国内酒店预订持续升温，同比2018年增长超两成，高星级酒店占比过半。广州、深圳等粤港澳大湾区城市成为国人出游热门目的地。

省统计局发布的数据显示，2019年广东消费市场销售回暖。一季度，社会消费品零售总额10178.96亿元，居全国首位，其中消费升级类商品销售、技术含量高的新兴服务业增长较快。

近日，省委办公厅、省政府办公厅出台《广东省完善促进消费体制机制实施方案》（下称《实施方案》），提出九方面29条具体举措。其中特别提出，打造国际消费湾区，推进大湾区消费一体化，加快开发基于5G的智能终端产品和4K/8K智能电视等新型信息消费品等。

可以预见的是，背靠粤港澳大湾区，加上5G等新技术赋能，广东的消费升级将迎来巨大的发展空间。

1—2小时生活圈范围扩大
助力打造国际消费湾区

“端午节火车票正式开售后的第一个周末，全国火车票预订量环比增长近30倍，其中‘高铁+酒店’的产品成为预订首选。”携程公司有关负责人介绍。该公司大学数据研究中心公布的相关数据显示，2019年端午假期，高星级酒店的预订占比超过50%。

2019年节假日期间，粤港澳大湾区的部分城市是国人出游热门目的地，如广州、深圳等。一季度经济数据显示，广东完成客运量同比

□ 广深高铁上，复兴号动车组G9731首发（吴伟洪　董天健 摄）

增长1.9%，其中高铁运送旅客增长30.7%，占铁路旅客运输的比重达81.1%；民航周转量增长12.1%，占全部旅客周转量的比重达54.4%。

业内人士分析认为，这与广东高铁线路发达、分布广有关。在广州、深圳的高铁、轻轨，可通往全国各地包括港澳地区，1—2小时的生活圈范围扩大。

不仅客流量持续增长，快递量也增长明显。2019年一季度经济数据显示，广东邮电业务总量同比增长74.8%，其中，快递业务量和快递业务收入分别增长27.0%和28.0%。

在商务部经贸决策咨询委员会专家、广东财经大学商贸流通研究院院长王先庆看来，快递量领先不仅显示出消费市场的旺盛，更是广东制造业优势的体现。“快递产品多是广东制造，再经电商平台发货至全国各地。”王先庆说。

广东在消费市场的“流量优势”，也从一个侧面折射出经济增长的蓬勃动力。省发改委的数据显示，从2015年到2017年间，最终消费支出对地区生产总值的贡献率分别是47.6%、49.6%和48.6%，消费已成为拉动经济增长的主引擎。

2019年一季度，消费对经济增长的基础作用进一步巩固。广东实现社会消费品零售总额10178亿元，居全国第一，同比增长6.9%，增幅比1—2月加快0.5个百分点。

背靠粤港澳大湾区，广东的“流量优势”将被进一步激发。《实施方案》提出，打造国际消费湾区，推进大湾区消费一体化。

“这一政策将消费提升到粤港澳大湾区的层面，打造国际消费湾区的高度，将过去镇、区、市的碎片化消费局面变成一个整体。这将吸引全世界的消费者来粤港澳大湾区消费，共同打造消费走廊，改善并完善消费配套设施，提升整体消费水平。”王先庆说。

乡村消费增速高于城镇

优质供给激发消费潜力

近日，美团点评发布了广东2018年1月到2019年4月的教育消费大数据：英语口语课成为2018年最“贵”热门课，单均成交价格达24000元。

随着居民收入持续提高，发展型和享受型消费需求逐步增加，知识付费、医疗服务、到家服务等新消费热点不断涌现。

省发改委的数据显示，广东的恩格尔系数由2013年的35%降至2017年的33.5%，居民用于食品、衣着等基本生存型消费的支出比重下降，教育文化、医疗保健等发展型消费支出在消费结构中的比重稳中有升。

在2019年一季度，广东的消费升级类商品销售增长较快，限额以上单位文化办公类、通讯器材类商品同比分别增长18.7%和25.9%。

消费新需求的背后，需要优质供给做支撑。与过去“漂洋过海去消费”不同，近年来“新国货”成为各大电商平台和卖场的“网红”。比如，2018年，广东造手机品牌OPPO、vivo等位列国内智能手机市场销售量

□ 2018年，vivo手机销量位列国内智能手机市场第二。图为vivo对新研发的手机进行按键点击寿命测试（孙俊杰 摄）

前二，超过苹果手机；老字号凉茶王老吉的国内产销量超过可口可乐；立白洗涤产品赶超国际日化巨头宝洁在华同类销量。此外，广东造空调、冰箱、电视机等家电，均在国内占据绝对市场份额。

“随着经济水平和制造能力的提升，国货的品牌影响力也随之增加，高性价比让国货品牌的价值被重新接受和认识，国货的市场也会越来越大。”广东省流通业商会执行会长黄文杰说。

这种优质供给也逐渐从城市下沉到乡镇。数据显示，与一、二线城市相比，广东乡村消费增速更高。2019年一季度，广东城镇消费品零售额8816.62亿元，增长6.7%；乡村消费品零售额1362.34亿元，增长8.2%。乡村消费市场增速明显比城镇高。

《实施方案》提出，推动农村消费提质升级，着力解决当前制约农村消费的基础设施不完善、优质商品和服务供给不足等瓶颈；提升农村居民消费品质，激发农村消费潜力。

“乡村消费增速加快的趋势只是开端。目前商家正在大力推动渠道下沉，很多网点都往农村发展，这些商业设施未来要继续完善。”黄文杰认为，现在村村要通公路，实际上就是政府在助力物流、人流均衡发展，消除城乡差异，推动农村消费升级。

5G等新技术为商业赋能

消费新模式新业态涌现

2019年6月1日起，星巴克中国将把现有全部业务重组为两个单元——“星巴克零售”和“数字创新”。这种调整仅仅出现在中国市场，而广东是其最为看重的市场之一。

与此同时，国际零售巨头沃尔玛、国际食品巨头百事公司、国际洋快餐巨头麦当劳等，均在中国加码数字化创新，运用最新、最前沿的互联网技术为商业赋能，广东成为这些国际零售巨头将数字创新运用到商业场景的主战场。

正是数字技术等新技术的应用，线上线下加速融合，让广东消费市场的新模式新业态不断涌现，比如阿里巴巴“盒马鲜生”、永辉“超级物种”、正大集团“泰友生活超市+智能零售终端机”、京东“7FRESH生鲜综合超市”等在广东落地，受到消费者追捧。

作为数字经济大省，新技术赋能将为广东的消费升级带来巨大的想象空间。

中国信通院最新发布的《中国数字经济发展与就业白皮书（2019年）》显示：2018年我国数字经济规模达31.3万亿元，其中广东省规模最大，超过4万亿元。与之相呼应，阿里巴巴集团发布的《2018年中国数字经济发展报告》显示，广东数字消费力居全国各省份之首。

《实施方案》也提出，大力鼓励消费新业态新模式，加快开发基于5G的智能终端产品和4K/8K智能电视等新型信息消费品；支持发展场景式体验店等电商零售、跨境电商等新业态。

“广东数字科技走在全国前列，数字消费群体也有很好的基础。”王先庆认为，“要趁热打铁，将数字经济产业与传统的消费服务业对接起来。未来会形成更强大的消费动能，促进消费与经济共同发展。”

□ 位于南山高新区的中国电信全国首个5G站点（朱洪波 摄）

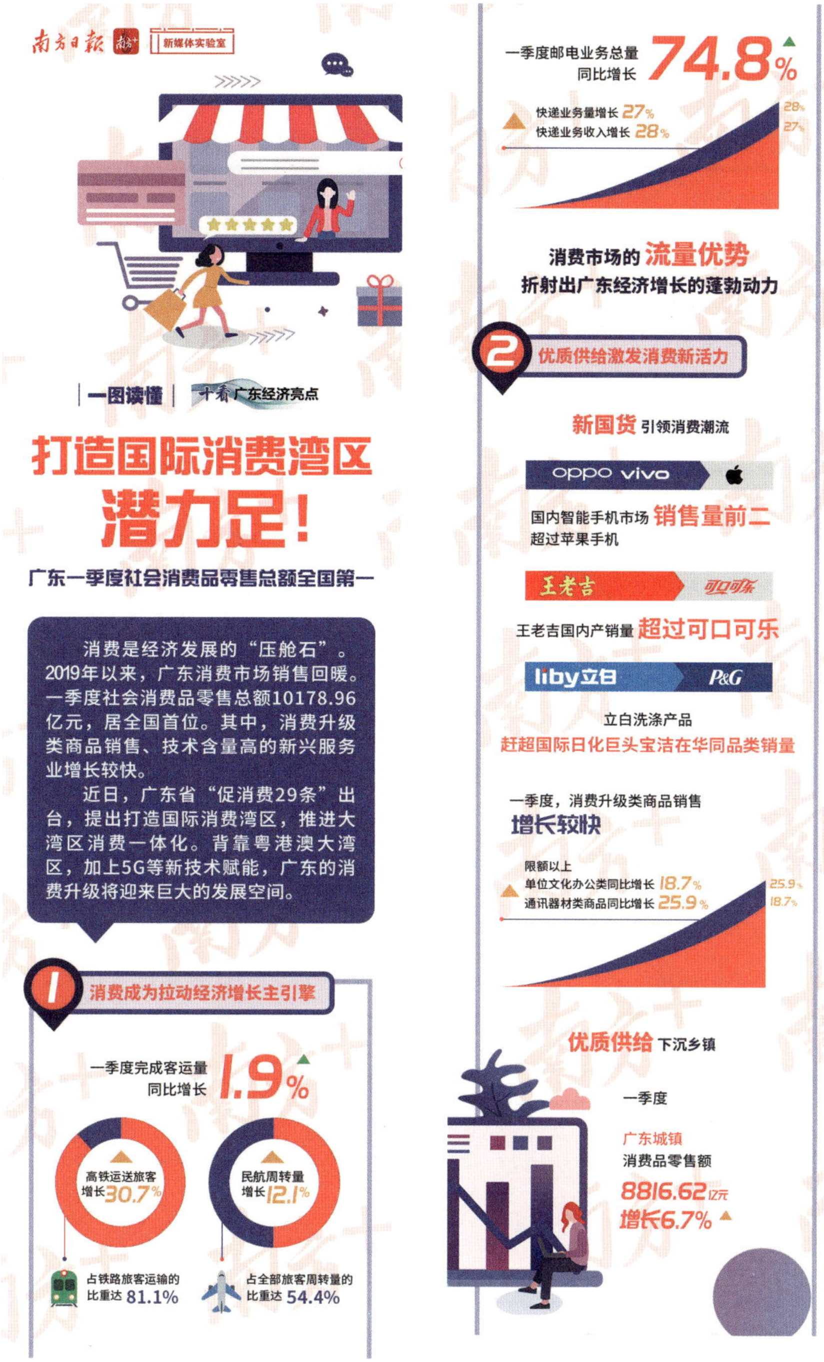
南方日报 南方+ 新媒体实验室
一图读懂 十看广东经济亮点
打造国际消费湾区潜力足！
广东一季度社会消费品零售总额全国第一
消费是经济发展的"压舱石"。2019年以来，广东消费市场销售回暖。一季度社会消费品零售总额10178.96亿元，居全国首位。其中，消费升级类商品销售、技术含量高的新兴服务业增长较快。
近日，广东省"促消费29条"出台，提出打造国际消费湾区，推进大湾区消费一体化。背靠粤港澳大湾区，加上5G等新技术赋能，广东的消费升级将迎来巨大的发展空间。
1 消费成为拉动经济增长主引擎
一季度完成客运量同比增长 1.9%
高铁运送旅客增长30.7%
民航周转量增长12.1%
占铁路旅客运输的比重达 81.1%
占全部旅客周转量的比重达 54.4%
一季度邮电业务总量同比增长 74.8%
快递业务量增长 27%
快递业务收入增长 28%
28%
27%
消费市场的流量优势 折射出广东经济增长的蓬勃动力
2 优质供给激发消费新活力
新国货 引领消费潮流
oppo vivo
国内智能手机市场 销售量前二 超过苹果手机
王老吉 可口可乐
王老吉国内产销量 超过可口可乐
liby立白 P&G
立白洗涤产品 赶超国际日化巨头宝洁在华同品类销量
一季度，消费升级类商品销售 增长较快
限额以上
单位文化办公类同比增长 18.7%
通讯器材类商品同比增长 25.9%
25.9%
18.7%
优质供给 下沉乡镇
一季度
广东城镇
消费品零售额
8816.62亿元
增长6.7%

广东乡村
消费品零售额

1362.34 亿元
增长8.2%

明显高于城镇

策划：郎国华
统筹：谢美琴 郑佳欣 黄应来
文本：昌道励 欧志葵 徐婧雯
视觉统筹：张西陆
制图：刘子葵
校对：杨远云
数据来源：省统计局 省商务厅 省发展改革委

“促消费29条”提出

改善农村基础设施，
提升农村居民消费品质，
激发农村消费潜力。

3 技术赋能激发消费潜力

中国信通院发布
《中国数字经济发展与就业白皮书（2019年）》

2018年我国数字经济规模达到31.3万亿元，其中广东规模最大，超过4万亿元。

阿里巴巴集团发布
《2018年中国数字经济发展报告》

广东数字消费力居全国各省份之首。

“促消费29条”提出

加快开发基于5G的智能终端产品和4K/8K智能电视等新型信息消费品。

总结
王先庆
商务部经贸决策咨询委员会专家
广东财经大学商贸流通研究院院长

“促消费29条”提出打造国际消费湾区，将过去镇、区、市的碎片化消费局面变成一个整体。这将吸引全世界消费者来粤港澳大湾区消费，共同打造消费走廊，改善并完善消费配套设施，提升整体消费水平。

快评

广东造“新国货”盛行，打造国际消费湾区潜力足！

扫二维码收听本篇广东经济快评

近年来，广东造“新国货”成为各大电商平台和卖场的“网红”。

OPPO、vivo的国内销量超过苹果，老字号王老吉的国内产销量超过可口可乐，立白洗涤产品则赶超国际日化巨头宝洁在华同类销量。广东造空调、冰箱等家电，都在国内占据绝对市场份额。

“新国货”优质供给的背后是消费升级需求的助推。

2019年广东消费市场销售回暖，一季度社会消费品零售总额超万亿元，居全国首位，其中消费升级类商品消费、新兴服务业增长快。

最近，广东还出台了“促消费29条”政策大礼包，提出打造国际消费湾区，推进大湾区消费一体化，加快开发基于5G的智能终端产品等新型信息消费品等举措。

这一新政将促使消费提升到粤港澳大湾区的层面，将吸引全世界的消费者来粤港澳大湾区消费，使广东消费市场迎来新的发展空间。

（吕道励　欧志葵）

构建"一核一带一区"推动粤东粤西粤北发展提速

337个超亿元工业项目
打开区域发展新格局

2019年5月27日上午，随着147米高的"特区建发·东部新时代"项目35层楼顶最后一平方米混凝土完成浇筑，深汕特别合作区（简称"深汕合作区"）首座超高层综合体顺利实现了主体封顶，该项目从拍得地块到动工仅用时4个月。

这是近年来深汕合作区新一轮建设的缩影。

省委十二届四次全会提出，广东要以构建"一核一带一区"区域发展格局为重点，加快推动区域协调发展。

全会后一年来，深汕合作区、广清特别合作区等共建区域、平台加速推进，联通省内外的高速、高铁大通道不断打通，现代制造业和特色产业蓬勃兴起，人才、技术、资金等发展要素有序流动，区域协调发展成效显现：

——2019年一季度，广东8个城市经济增速超过2018年同期，其中6个来自粤东粤西粤北；

——北部生态发展区2019年一季度整体增速比2018年同期提高2.3个百分点；

——粤西、粤北规模以上工业增加值增速分别为5.3%和5.6%，分别高于2018年同期2.7个和1.2个百分点。

粤东粤西粤北多项关键经济指标发展势头向好，显示出广东构建区域发展新格局正在取得阶段性进展。

看区域发展动力

337个超亿元项目成工业增长引擎

湛江近海，一座座重型机械在海风海浪中巍然耸立——风机基础36根大直径单桩沉桩施工工作于2019年5月20日全部完成。广东省能源集团湛江外罗海上风电项目进入安装调试阶段。

与该项目直线距离约200公里的阳江，正全力打造世界一流海上风电装备制造产业基地。从中山到这里落户的重点企业——明阳智慧能源集团股份公司，正是上述湛江风电项目关键部件的供应商。

这是广东区域产业协作深化的真实写照。

从2018年到2019年4月，遍布全省的共建园区累计吸引337个超亿元工业项目落户，成为沿海经济带东西两翼、北部生态发展区工业增长的主要引擎。

在广州（清远）产业转移工业园，欧派家居集团正在建设集研发、营销、生产、培训和物流于一体的综合基地，预计年产值将超过100亿元。

深圳（河源）产业园在中兴、西可、美晨、中光电等电子信息龙头企业带动下，努力打造超千亿元产值的电子信息产业。

随着产业项目的不断聚集，粤东粤西粤北呈现加速发展的态势。

——韶关2019年1—4月经济预计增长6.1%，与2018年同期相比提高2.1个百分点；规上工业增加值增长5.3%，比2018年全年高3.8个百分点；

——湛江、阳江2019年一季度实现地区生产总值同比增长均为6.8%，高于全省0.2个百分点，分别超过2018年同期0.7个和1.5个百分点。

“广东区域发展新格局正迈出重要一步。”广东省社会科学院产业经济研究所所长、研究员向晓梅表示，汕头、韶关等城市积极融入粤港澳大湾区建设，加上东莞、深圳等珠三角城市的辐射带动作用，让粤东粤西粤北城市在机制创新、项目落地和基础设施建设三个方面获得更大的发展机遇。

看区域发展潜力

海陆空交通网络打开产业协作新空间

在中山火炬（阳西）产业园广东厨邦食品生产厂区内，1300多个酱油大晒罐内散发着阵阵酱油香味，这里日均生产超过10万箱酱油，源源不断送到全广东乃至全国消费者的餐桌上。

近年来，阳江凭借优越的自然条件、区位优势，以调味品为代表的食品产业快速崛起，成为全省沿海经济带上颇具特色的百亿级产业集群之一。

将绿色生态优势巧妙转化为经济发展潜力，成为粤东粤西粤北城市实现差异化发展的一大秘诀。

“每个城市的发展都不是孤立的。”向晓梅表示，珠三角需要广阔的发展腹地，粤东粤西粤北区域需要更多资源集聚从而带动发展，这就需要各地通过资源整合形成更强的比较优势，提升广东整体产业发展水平。

要发挥比较优势，基础设施不可或缺。

根据2019年省政府工作报告，广东安排省重点项目投资6500亿元，加快打造珠三角联通粤东粤西粤北的高快速交通通道，推进赣州至深圳、广

□ 阳江市深茂铁路阳西段施工现场（叶志文 摄）

州至汕尾、汕尾至汕头等高铁建设，开工建设广湛高铁等项目。

在茂名，未来借助时速350公里的广湛高铁将构建起与大湾区一体化的现代陆海交通运输网络。

在汕头，时速350公里的汕汕高铁2022年建成后将实现与珠三角2小时“公交化”通达。

如今，海陆空一体化的现代交通网络正在不断刷新广东区域发展版图，多个城市借助新的区位优势，找到更多发展“金矿”。

位于沿海经济带西翼的湛江，与海南岛正加速走向跨海融通。

湛江国际机场建设提速，湛海高铁项目有望于2019年年底开工，琼州海峡水上飞机正在加快开通……琼州海峡“半小时交通圈”呼之欲出。对接海南，湛江正打造世界级绿色环保高端沿海临港重化产业基地。

湛江跨海向南，潮州则越山向北。

作为广东省“东大门”和闽粤合作的“桥头堡”，潮州近年吸引益海嘉里粮油加工潮州基地项目等一批百亿级产值项目接踵落户。正在紧张施工的大潮高速将打通梅州通往海峡西岸经济区的出省通道。

看区域发展活力

人才聚集催动创新创业热潮

北方人岳小平2011年第一次来到汕头，就被这里充满活力的民营经济所吸引。

他敏锐地觉察到当地商机，租下整栋老旧厂房，注册成立了潮汕文化创意产业园。“三栋楼房，2万多平方米，聚集了90多家公司。”当时的场景，岳小平记忆犹新。

发展活力对吸引人口、人才的重要性不言而喻。

韶关曾经是多年的劳务输出大市。2018年年末，韶关常住人口达299.76万，总量连续8年实现正增长，实现了人口回流的逆转。

数据显示，2018年粤东粤西粤北新增常住人口达26.55万。

与人口、人才集聚相伴而生的，是创新创业的热潮涌动。

2016年，国家“双创”之风在汕头刮起，岳小平承接了龙湖科创中心的运营工作，如今登记注册入驻企业已达90多家，就业人员中近40%是外来人口，吸引车库咖啡、中国广州分析测试中心实验室、深圳精英知识产权集团等落户。

更多产业的兴起，又吸引优秀人才纷至沓来。

喜欢被称为“狄工”的狄聚青，博士毕业于中国科学院上海光学精密机械研究所，曾在香港的高科技企业工作。在丰厚待遇面前，他更看重人工晶体发展研究的环境，毅然选择了位于清远的广东先导稀材股份有限公司。

狄聚青的选择并非孤例，更多人才正前往粤东粤西粤北城市寻找创新创业机遇。

不久前，清远市高层次人才公寓在枫桦花园揭牌，26名高层次人才成为首批居民。此前，清远在高新区华南863科技创新园建设的40套人才公

□ 通过广清一体化，携手融入大湾区。图为广州（清远）产业园（曾亮超 摄）

寓，已经全部住满。

与此同时，广东各市也不断推出政策礼包，为人才和企业发展提供环境和舞台。

在江门，建邦杭萧装配式建筑产业园项目从挂牌到领取施工许可证只用了一周左右，也成为全国第二个、江门市首个“交地即开工”的项目。

在清远，多证合一、放宽住所登记、全程电子化登记等举措先后推行，极大激发市场活力。2018年，清远市新登记各类市场主体40017户，其中企业8828户，同比分别增长5.5%和12.9%。

优秀人才、优质项目的集聚，支撑了经济持续发展，“一核一带一区”区域发展格局也正成为广东迈向高质量发展的重要引擎。通过对接粤港澳大湾区建设，粤东粤西粤北正搭建起更多创新创业舞台，让广东这片改革开放的热土，奔涌出更加活力四射的磅礴气象。

南方日报 南方+

一图读懂 | 十看广东经济亮点

要富一起富

337个亿元项目打开广东区域发展新格局

省委十二届四次全会提出，广东要以构建“一核一带一区”区域发展格局为重点，加快推动区域协调发展。

从2018年到2019年4月，遍布全省的共建园区累计吸引337个超亿元工业项目落户，成为沿海经济带东西两翼、北部生态发展区工业增长的主要引擎。

1 看速度 粤北一季度地区生产总值提速2.3个百分点

2019年一季度

广东8个城市经济增速超过2018年同期

其中6个来自粤东粤西粤北

北部生态发展区

一季度整体增速比去年同期提高2.3个百分点

广州一季度

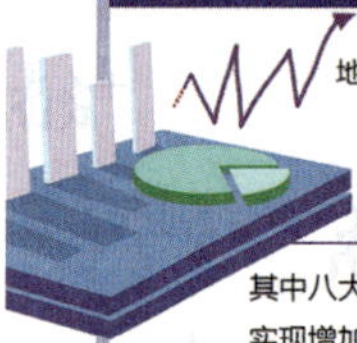

地区生产总值增速达到7.5%

其中八大新兴产业合计实现增加值增长8.0%▲

湛江、阳江一季度

地区生产总值同比增长6.8%▲

高于全省0.2个百分点

分别超过去年同期0.7个百分点和1.5个百分点

汕尾、肇庆一季度

经济增速均达到7%

在增速上与东莞并驾齐驱

2 看质量 337个超亿元工业项目落户共建园区

广东2019年安排省重点项目投资6500亿元

包括加快打造珠三角连通粤东粤西粤北的**高快速交通通道**

推进

赣州→深圳

广州→汕尾

汕尾→汕头

等高铁建设

开工建设广湛高铁

省产业园各项经济指标平稳增长

到2018年末已有

年产值超100亿元的园区27个

年产值超500亿元的园区2个

广东省沿海经济带东西两翼、北部生态发展区和珠三角地区

江门 肇庆 惠州

等地市已基本实现省产业园县域全覆盖

2018年以来（截至2019年4月）

累计吸引

337个超亿元

工业项目落户

共建园区

一季度

粤西、粤北规上工业增加值

增速分别为 5.3% 5.6%

分别高于去年同期2.7和1.2个百分点

深圳规上工业增加值增长 8.6%

增长 12.5% 租赁和商务服务业

珠海市

同比增长 10.8% 高新技术企业增加值

同比增长 7.6% 高技术制造业增加值

同比增长 7.5% 先进制造业增加值

韶关规模以上工业增加值

73.4亿元 增长 5.8%

增幅比2018年同期提高3.5个百分点

3 看成效 粤北非私营单位年均工资近7.2万元

人口聚集

● 2018年 粤东粤西粤北

新增常住人口达26.55万

● 韶关曾经是多年的劳务输出大市

2018年年末，韶关常住人口

达299.76万人

总量连续8年实现正增长

实现了人口流向的逆转

市场活跃

2018年

清远市新登记各类市场主体40017户

其中企业8828户

同比分别增长 12.9% 5.5%

收入提高

2018年

城镇私营单位就业人员年平均工资

北部生态发展区的

同比增速最高

达到 11.3%

策划：郎国华

统筹：谢美琴 郑佳欣 黄应来

文本：王彪

视觉统筹：邱洪添

制图：麦瑜瑜

校对：蓝淑茹

数据来源：省统计局

快评

粤东粤西粤北如何找到发展“蓝海”？

扫二维码收听本篇广东经济快评

说到广东经济，很多人首先想到的是珠三角。如今，这种情况正在改变。

广东提出构建“一核一带一区”区域发展格局的一年多来，粤东粤西粤北发展日新月异，交通设施和现代产业快速发展。

看这样一组数字：

2019年一季度，广东8个城市经济增速超过2018年同期，其中6个来自粤东粤西粤北。

从2018年到2019年4月，遍布全省的共建园区累计吸引337个超亿元工业项目落户。

展望未来，时速350公里的广湛高铁、汕汕高铁等高快速通道，将让全省21个城市的联系更加紧密。

粤西的湛江对接海南岛，建设琼州海峡“半小时交通圈”；粤东的潮州则谋划打通与海峡西岸经济区的出省通道。

充分发挥比较优势，粤西粤东粤北的各城市正在找到更多发展“蓝海”，推动广东经济实现新的飞跃。

（王彪）

粤牢牢守住稳定就业民生底线获国务院督查激励

多管齐下减负担　百万岗位稳就业

最近，来自经济大省和用工大省广东的一连串就业稳定数据，鼓舞人心：

——2019年一季度全省城镇新增就业31.61万人，八成行业就业人员增加。其中租赁和商务服务业增员最多，同比增加12.70万人；

——民营经济吸纳七成以上的就业人员，2019年3月末，“四上”企业就业人员中，民营经济就业人员同比增长4.0%；

——制造业用工稳中有升，2019年3月末，规模以上高新技术制造业就业人员占规模以上制造业就业人员比重为29.6%，占比同比提高0.2个百分点，就业结构向中高端行业方向发展；

广东牢牢守住稳定就业民生底线，日前获得国务院督查激励和奖励支持措施，2019年中央财政安排我省就业补助资金时将给予倾斜和支持。

减轻负担稳企业

社保“两不变两降低”等措施一年为企业减负超150亿元

——2019年2月，带着1万多个岗位信息的全国首趟跨省返岗免费专列K4147从四川广安驶达广东广州，1800余名返岗务工人员全部找到岗位走向全省各地，开始新一年的奋斗与追梦。

——2019年3月，广东“促进就业九条”政策宣讲团陆续走进东莞、清远等多地，帮助企业用好政策并听取意见建议，将逐步覆盖全省21个地级以上市。

——2019年5月，《关于加强港澳青年创新创业基地建设实施方案的通知》发布，进一步拓宽港澳青年就业创业空间。不少港澳大学生听完来粤创业创新利好政策后表示：“第一份工作考虑来广东发展。”

亮眼数据和个案背后，是国家和地方一系列实招、硬招，就业优先政策全面发力，为稳就业提供强力支撑。2019年，我国首次将就业优先政策置于宏观政策层面，广东更是于2018年底便在全国率先出台“促进就业九条”，提出近40项务实管用政策措施。

——明确社会保险“两不变两降低”、调低残疾人就业保障金征收标准等减负措施，一年可为企业减负超150亿元。

——将失业保险费返还、创业担保贷款及贴息等33个项目“提标扩面”，多渠道预算安排各类补助补贴资金约200亿元。

——创新设立重点用工企业服务专员等服务企业招用工新模式，全年由省统一部署开展的各类招聘活动超过10000场。

2019年来，广东省已阶段性下调工伤保险缴费费率，预计2019、2020年全省工伤保险平均费率将再降低约30%。作为国内第一家民用航空发动机大修基地，位于珠海保税区的摩天宇航空发动机维修有限公司对于税费减负感受明显。该司财务部高级经理刘国说：“2019年不仅企业增值税将少缴超过1200万，社保费也能节省400多万。利好看得见摸得着，我们负担轻了发展更快，需要的岗位也就更多了。”

2019年来，为落实好“稳就业”，广东一口气开展数十项就业服务专项活动，多管齐下稳定和扩大就业，计划提供就业岗位超100万个，帮助异地务工人员返岗就业。2019年正月底，外省籍异地务工人员返岗比例即达94.8%。当时乘K4147返岗专列回到广东的务工人员吴仁明说：“广东挺美好的，政府支持、机会也多，我们全家四口都来广东工作了！”

加强培训提质量

近五年培养技能人才超百万

稳就业的关键不仅在量，还在于质。高技能人才短缺，也是稳就业、促发展亟待解决的问题。

2019年5月30日，“一带一路”国际技能大赛闭幕。在全部18个比赛项目中，中国队取得10块金牌，其中广东3名选手参加3个项目比赛，全部获得金牌。

而面对2019年8月即将在俄罗斯举行的素有“世界技能奥林匹克”之誉的第45届世界技能大赛，广东更以全国数量最多的参赛选手和备选选手全力备战。

国际舞台竞争的不俗成绩，来源于广东不断加大对职业技能培训和技能人才培养的力度。

——广东已基本建成全国最大的技工教育体系，建成国家级高技能人才培训基地和国家级技能大师工作室各29个。

——全省共有技工院校156所，在校生54.2万人，约占全国1/6，年平均就业率超98%。近五年来共培养技能人才100多万人。

——高级工班以上在校生占比达50.95%，高技能人才培养比例和规模逐年提升，已成为培养高技能人才的主阵地。

□ 由中山市人力资源和社会保障局主办的粤菜师傅技能大赛在三乡理工学校举行（王云 摄）

“不少企业来学校想招我们，不过我们还没决定去哪家。”广东省技师学院学生杨金冰和肖景涛在2019年毕业，关于找工作，两位年轻人“完全没在怕的”。

“学好一门手艺，走技能成才也可以是一条康庄大道。”放弃本科转到深圳技师学院的第44届世界技能大赛珠宝加工项目铜牌获得者胡凡说。

高质量发展需要高质量人才。日前，国务院印发《职业技能提升行动方案（2019—2021年）》，明确2019—2021年三年共开展各类补贴性职业技能培训5000万人次以上；到2021年底技能劳动者占就业人员总量的比例达到25%以上。广东省正抓紧制定大规模职业技能培训行动实施方案，加快提高技能人才素质和就业质量。

“一次学会八道菜！开馆子的愿望可以实现了。”村里开展的“粤菜师傅”培训班，帮清远英德市连江口镇连樟村的30名老乡圆了创业就业脱贫的梦想。

作为广东省推进粤港澳大湾区建设的重要举措和实施乡村振兴战略的有效途径，“粤菜师傅”工程实施一年多来，大规模开展职业技能教育培训，全省共组织开展“粤菜师傅”培训1.5万多人次，力促城乡劳动者就业创业。

梅州市梅县区玉水村的2700个户籍人口中，就有超千人从事餐饮；一年带回劳务收入达5000多万元，年薪超20万元的厨师超百人。

全省目标到2022年开展粤菜师傅培训5万人次以上，直接带动30万人实现就业创业。

优化结构增岗位

新动能崛起，粤第三产业就业人员同比增9.0%

广东产业结构优化、新动能涌现带来了更充足的岗位需求。

商务部国际贸易经济合作研究院国际市场研究部副主任白明指出，推动产业转型升级是未来“稳就业”的关键，“广东可以进一步发展现代服务业，推动产业转型升级。还可抓住粤港澳大湾区建设机遇，打造新的经济增长点。比如打造更多优质产业园区，提供更多就业岗位。”

近日，微信、中国信通院、数字中国研究中心联合发布《微信就业影响力报告》。数据显示，总部位于广州的微信在2018年带动就业岗位2235万个，其中，小程序成“就业大户”，带动就业182万个。其中包括开发、运营、销售、服务、管理等各种岗位，就业门槛逐步降低，重点人群得到帮扶。

省统计局日前发布数据显示，我省服务业就业人员增员最多，规模以上服务业企业是拉动“四上”企业就业增长的主动力。2019年3月末，广东第三产业就业人员同比增长9.0%，占全部“四上”企业就业人员比重的32.7%，占比同比提高2.4个百分点。

具体来看，规模以上服务业企业就业人员同比增长11.9%，增幅比全部“四上”企业就业人员增速高10.8个百分点。其中，水利、环境和公共设施管理业增长33.5%，教育增长30.4%，物业管理、房地产中介服务和房地产租赁经营业增长16.8%，信息传输、软件和信息技术服务业增长16.2%。

□ 深圳南山科技园（朱洪波 摄）

这也与广东经济结构调整和产业转型升级的方向相合。2019年5月印发的《广东省加快5G产业发展行动计划（2019—2022年）》指出，要将5G高端人才纳入各级政府急需紧缺人才引进目录，推动省内高等院校、重点职业学校设立5G技术课程。

“两个儿子毕业后来了深圳，都在做大数据软件工程师，进去没多久工资就有万把块，所以他们也很乐意在这好好干。”吴仁明说。中国就业培训技术指导中心联合阿里巴巴钉钉近期发布的《新职业——数字化管理师就业景气现状分析报告》显示，当前数字化管理师从业人员已超70万，其中87.23%的从业人员薪资是当地平均工资的1—3倍。

图说

南方日报 新媒体实验室

一图读懂 | 十看 广东经济亮点

稳了！就业这块“压舱石”广东这样稳

就业作为“六稳”工作之首，是民生之本，是财富之源。就业这块“压舱石”稳住了，我国应对日益错综复杂的国际形势，更有底气行稳致远。

最近，来自经济大省和用工大省广东的一连串数据，鼓舞人心。

——2019年一季度全省城镇新增就业31.61万人，八成行业就业人员增加。

——民营经济就业人员同比增长4.0%，吸纳七成以上的就业人员。

——制造业用工稳中有升，3月末规模以上高新技术制造业就业人员占规模以上制造业就业人员比重为29.6%。

广东牢牢守住稳定就业民生底线，日前获得国务院督查激励和奖励支持措施，2019年中央财政安排广东省就业补助资金时将给予倾斜和支持。

1 减轻负担稳企业

2019年，我国首次将
就业优先政策置于宏观政策层面

稳就业再度升温。
中央层面近期动作频频，成立横跨逾20个部门的
国务院就业工作领导小组

广东更是在全国率先出台
促进就业九条
提出近 40项 实管用政策措施

“明确社会保险“两不变两降低”等减负措施，一年可为企业减负超150亿元”

“将失业保险费返还等33个项目“提标扩面”，安排各类补助补贴资金约200亿元”

“创新设立重点用工企业服务专员等服务企业招用工新模式，全年由省统一部署开展的各类招聘活动超过10000场”

2019年来，全省已阶段性下调工伤保险缴费费率

预计2019、2020年全省工伤保险平均费率将再降低约30%

2 加强培训提质量

稳就业的关键不仅在量，还在于质
高技能人才短缺，也是稳就业、促发展亟待解决的问题。

广东已基本建成
全国最大的技工教育体系

全省共有技工院校
150多所
在校生
54.2万人

年平均就业率

超98%

近五年来共培养技能人才

100多万

高级工班以上在校占比达

50.95%

粤菜师傅工程实施一年多来

全省共组织开展培训

1.5万多人次

- 目标到2022年
  开展培训5万人次以上
- 直接带动
  30万人就业创业

3 结构优化创新机

服务业就业人员增员最多

2019年3月末，
广东第三产业就业人员
同比增长 **9%**

规模以上服务业企业
就业人员同比增长

11.9%

水利、环境和公共
设施管理业增长

33.5%

教育增长

30.4%

信息传输、软件和信息技术
服务业增长

16.2%

新产业带来新岗位

微信2018年带动就业岗位 **2235** 万个

我国5G领域企业人才需求同比2017年增长
57.62%

当前数字化管理师从业人员已超 **70万**
其中87.23%的从业人员薪资是当地平均工资的
1-3倍

策划：郎国华
统筹：谢美琴 郑佳欣 黄应来
文本：黄叙浩 肖文舸
视觉统筹：张西陆
制图：刘子葵
校对：曹柏英
数据来源：省人社厅 省统计局

快评

就业形势良好，“压舱石”广东这么稳

扫二维码收听本篇广东经济快评

大浪滔滔行船稳。

就业作为“六稳”工作之首，是民生之本，是财富之源。就业这块“压舱石”稳住了，我国应对日益错综复杂的国际形势，更有底气行稳致远。

最近，来自经济大省和用工大省广东的一连串数据，鼓舞人心：

——2019年一季度全省城镇新增就业31.61万人，八成行业就业人员增加；

——民营经济就业人员同比增长4.0%，吸纳七成以上的就业人员；

——制造业用工稳中有升，就业结构向中高端行业方向发展；

要问怎么“稳”下来，首先减负是关键。一系列实招、硬招渐出成效：

——明确社会保险“两不变两降低”等减负措施，一年可为企业减负超150亿元；

——将失业保险费返还等33个项目“提标扩面”，多渠道预算安排各类补助补贴资金约200亿元；

——2019、2020年全省工伤保险平均费率还将再降低约30%。

稳就业的关键不仅在量，还在于质。

广东已基本建成全国最大的技工教育体系，全省156所技工院校近五年来培养技能人才超百万。“粤菜师傅”工程实施一年多来，全省组织开展培训1.5万多人次，到2022年目标直接带动30万人就业创业。

此外，产业结构优化、新动能涌现也带来了更充足的岗位需求。

2019年3月末，广东第三产业就业人员同比增长9.0%。

微信2018年带动就业岗位2235万个，我国5G领域企业人才需求同比2017年增长57.62%。这也与广东经济结构调整和产业转型升级的方向相合，新兴产业迅猛发展创造更多就业良机。还等什么？快来广东吧！

（黄叙浩　肖文舸）

广东对“一带一路”沿线贸易快速增长

结构更优市场多元
广东跨向外贸强省

每周三，4辆满载货物的“中欧班列”集装箱货柜车都会缓缓驶出南沙保税港区闸口，它们以“公铁联运”的形式转关出口至欧洲。“中国制造的智能家居和穿戴设备在俄罗斯十分畅销，如扫地机器人、智能手环等。”广州保畅国际物流有限公司总经理何望说。

据海关总署广东分署统计，2019年1—4月，广东外贸进出口总值为2.12万亿元人民币，较2018年同期有所增长，占全国比重22.3%。其中，出口1.27万亿元，增长2.4%。

在科技创新和产业升级的带动下，近年来广东高技术、高附加值产品出口稳步增加，新业态、新模式成为外贸稳定增长的新动力，出口市场多元化成效不断显现。

“广东的外贸发展方式正在主动转型。”商务部国际贸易经济合作研究院国际市场研究部副主任白明认为，机电产品技术密集程度相对较高，外贸结构的变化背后是技术的转型升级。“广东在从贸易大省向贸易强省迈进中，要不断激发民企活力，助推其转型升级，提升国际竞争力。”

结构更优化

进出口总值中民企占比逾半

日前，广东伊之密精密注压科技有限公司生产的一台价值约150万元的冷室压铸机，仅用1分钟就完成了出口申报手续，不久后将通过海运到达大洋彼岸的墨西哥。

“我们制造的精密设备在当地具有相当强的竞争力，2019年一季度公司类似产品的出口额为3700多万元。”该公司进出口业务经理何广源说。

“中国不仅在制造业中全球领先，而且日益成为重要的全球最终需求来源。中国正在向全球价值链上附加值更高的环节转移。”世界银行发布的2019年5月期《中国经济简报》认为，中国作为全球制造业中心的重要性日益上升，其在全球价值链上的地位也随之发生改变。

这一变化，直接体现在外贸结构不断优化上：

——2019年一季度，广东优势产品出口持续增长，集成电路、汽车出口额分别增长84.8%和13.7%；

——2019年一季度，部分消费品、工业原材料进口增长较快，美容化妆品及护肤品、氧化铝、铁矿砂及其精矿进口额分别增长约165%、78%、46%；

——2019年1—4月，一般贸易进出口1.08万亿元，增长6.3%，占广东外贸进出口的50.7%，占比提升2.6个百分点。

广东外贸结构的优化还体现在外贸民企活力不断增强上。2019年1—4月，民营企业进出口比重继续提升，进出口1.07万亿元，增长5.4%，占广东外贸进出口的50.2%，占比提升2.2个百分点。

在外贸结构优化的同时，广东正逐渐从商品“走出去”变为品牌“走出去”、技术“走出去”，用更高的科技含量、更契合客户需求的品牌营销打开国际市场。

业态更丰富

跨境电商进出口增长逾六成

“原本消费者海淘购买一只手表，从下单到拿到产品要一个多月；现在在万表下单，一般3天内就能收到手表。”万表CEO肖晓说，得益于海关大力支持，公司专门开设了进口手表保税仓，对畅销手表提前备货，客户下单后保税仓报关当天就可发货。借着广东跨境电商发展的良好势头，万表正在构建一个服务全球的手表产业互联网生态平台。

作为外向型经济最为活跃的地区之一，广东的跨境电商产业蓬勃发展。以2018年为例，广州、深圳形成创新B2B模式监管等51项制度创新经

□ 东莞国际邮件互换局，流水线上的国际邮件堆得满满，工作人员正在分拣（孙俊杰 摄）

验，珠海、东莞市获国务院批准成为新一批综合试验区，在以广州为首的四个综合试验区带动下，全省2018年跨境电商进出口增长72%。

这一迅猛发展态势也延续到2019年。2019年1—4月，广东跨境电商进出口237亿元，大幅增长62.2%。

《粤港澳大湾区发展规划纲要》提出，“推进粤港澳物流合作发展，大力发展第三方物流和冷链物流，提高供应链管理水平，建设国际物流枢纽”。

总部位于香港的瑞丰德永集团，正发挥香港的独特优势，为内地企业对接海外贸易资源，推动跨境电商企业发展。瑞丰德永集团广州分公司总经理杨咏仪说，香港作为国际金融中心，能更好地满足内地企业在转型升级、创建品牌以及海外投资经贸中的各种服务需求。

在广东省电子商务协会常务副会长兼秘书长程晓看来，粤港澳经济关联度高、产业互补性强，三地在产业价值链中分工合作，广东省重点解决生产制造与供应，香港、澳门负责与国际衔接、结算等内容，将为广东省的跨境电商发展提供巨大推力。

市场更多元

对“一带一路”沿线贸易保持增长

清晨，广东（石龙）铁路国际物流基地一排排集装箱有序排列，吊装机正在忙碌运作。随着一声汽笛声响，满载手机配件、机械、玩具的中欧班列铁路集装箱专列驶出基地，它们将跨越1万多公里的亚欧大陆，在15天后抵达莫斯科。

这样井然有序的场景自2013年东莞石龙铁路发运中心启用以来，每周都会定时上演。近年来，广东不断开拓多元化国际市场，成为外贸增长的强劲支撑。2019年1—4月，广东对“一带一路”沿线国家和地区进出口4958.6亿元，增长3.2%。

“近年来，海关积极推动通关一体化、‘单一窗口’、国际海关AEO

□ 东莞石龙铁路国际物流中心，工作人员给中欧班列X8426装上货物。从东莞石龙出发，它将开往俄罗斯卡卢加州沃尔西诺（孙俊杰 摄）

互认等改革，为我们高效服务客户、获得国际订单提供了可靠保障。”美的集团出口业务负责人刘经理介绍，2019年前4个月，公司有数千批货物出口到“一带一路”沿线国家及地区，货值3.4亿元，同比增长51.2%。

如今，沿着广深港澳科技创新走廊，沿线企业高附加值商品占比稳定增高，出口产品已从传统劳动密集型的衣服鞋帽转变为以计算机、通信和消费类电子产品等高附加值商品为主。

白明认为，广东外贸企业要进一步拓展国际多元市场，一方面通过促进贸易便利化、自由化等措施，扩大贸易市场辐射面。另一方面则要打好产业基础，集中发展人工智能等战略性新兴产业，以形成新的产业突破，培育更具国际竞争力的外贸企业。

继第125届中国进出口商品交易会、第十一届中国加工贸易产品博览会之后，第十六届中博会于2019年6月24日至27日在广州举办。2019年以来接连举办贸易盛会的背后，是广东不断增强的产业竞争力和不断优化的对外贸易结构，是广东在构建全面开放新格局上不断取得的新突破和实现的新成就。

南方日报 南方+ 新媒体实验室

一图读懂 | 十看广东经济亮点

前4月广东外贸超2万亿元 占全国22.3%！

海关总署广东分署发布的统计数据显示，2019年1-4月，广东外贸实现正增长，外贸进出口总值达到2.12万亿元人民币，占全国比重22.3%。

在科研创新和产业升级的带动下，近年来广东高技术、高附加值产品出口稳步增加，新业态、新模式成为外贸稳定增长的新动力，出口市场多元化成效不断显现。

1 4月进出口双增长

出口3400.5亿元 增长4.4%

受4月1日起降低增值税税率刺激 进口2356.3亿元 增长8.5%

4月 广东外贸进出口 5756.9亿元 增长6%

2 贸易方式更趋合理

前4月，

广东一般贸易进出口1.08万亿元，增长6.3%

占外贸进出口的50.7%

加工贸易进出口近7000亿元，下降7.7%

占外贸进出口的32.9%

3 新业态新模式快速发展

前4月，保税物流进出口2887.2亿元 增长8%

跨境电商进出口237亿元 大幅增长62.2%

4 进出口商品结构不断优化

前4月 出口机电产品接近9000亿元 增长1.4%

劳动密集型产品出口2070.3亿元 下降0.5%

消费品进口698.8亿元 增长25.5%

其中，
水海产品42.1亿元，增长30.3%
化妆品54.2亿元，增长1.6倍

5 民企外贸活力不断增强

前4月，民营企业进出口1.07万亿元 增长5.4%

占广东外贸进出口的50.2%

6 区域发展趋于平衡

前 4 月
粤西 3 市进出口 217.9 亿元
增长 35.6%
快于全省增速 34.8 个百分点

粤东 4 市进出口 423.8 亿元
增长 10.5%
快于全省增速 9.7 个百分点

粤北 5 市进出口 334.4 亿元
增长 9.5%
快于全省增速 8.7 个百分点

粤东粤西粤北合计占全省外贸比重
提升 0.6 个百分点

7 国际市场更多元

进口 547 亿元
同比增长
24.6%

出口 831.3 亿元
同比增长
7%

4 月，广东
对“一带一路”沿线
国家和地区进出口
1378.3 亿元
同比增长 13.3%

前 4 月，广东对拉丁美洲国家进出口
921.8 亿元人民币
同比增长 10.3%

对拉丁美洲国家的出口商品中，

占同期
广东对拉美
出口总值的
75.1%

机电产品 484.2 亿元
增长 7.8%，

其中出口手机 61.7 亿元
增长 41.4%

8 专家点评

商务部研究院国际市场研究所
副所长白明

广东的外贸发展方式正在主动转型，外贸结构的变化背后是技术的转型升级。在从贸易大省向贸易强省迈进中，广东要不断激发民企活力，助推其转型升级，提升国际竞争力。

策划：郎国华
统筹：谢美琴 郑佳欣 黄应来
文本：昌道励 王彪 徐婧雯
视觉统筹：张西陆 谭唯
制图：谭唯 潘洁
校对：曹柏英
数据来源：海关总署广东分署 广州海关

快评

跨向外贸强省，广东的底气在这里！

扫二维码收听本篇广东经济快评

最近，广东2019年1—4月外贸进出口数据新鲜出炉，有几个特点值得关注。

一是发展势头良好。2019年前4月广东外贸进出口总值超2万亿元，实现正增长，占全国比重超过五分之一。

二是外贸结构不断优化。机电产品出口增长，劳动密集型产品出口减少；跨境电商进出口大幅增长超过六成。

三是民企外贸活力不断增强。2019年前4月，民营企业进出口1.07万亿元，占据全省外贸的半壁江山。

在科研创新和产业升级的带动下，广东高技术、高附加值产品出口稳步增加，新业态、新模式成为外贸稳定增长的新动力，出口市场多元化成效不断显现。

从外贸大省跨向外贸强省，广东未来还需要不断激发民企活力，助推其转型升级，进一步提升国际竞争力。

（昌道励　王彪）

乡村振兴释放经济发展潜力

现代农业产业园带动农户增收

一组数据折射着广东乡村振兴正在发生的积极变化：

广东2018年创建的50个省级现代农业产业园中，521个参与实施主体累计带动农户122.7万人；截至2019年3月31日，全省接近13万个自然村完成了“三清三拆三整治”；2019年第一季度，广东农村常住居民人均可支配收入为5414.8元，同比增长8.7%，增速比上年同期提高0.3个百分点……

数据背后，正是广东把乡村振兴作为新时代做好“三农”工作的总抓手，以“史无前例”的高度和力度，以更大的决心、更明确的目标、更有力的举措推动农业全面升级、农村全面进步、农民全面发展。

如今，产业兴旺、生态宜居、乡风文明、治理有效、生活富裕，每项要求都在变成现实，乡村振兴的巨大潜力正在不断释放，为全省经济发展注入蓬勃的活力和澎湃的动力。

产业更旺

“龙头”带动激发产业振兴活力

新奇的果蔬、好玩的娱乐设施、美丽的花海……在惠州四季绿现代农业产业园，一年四季游客如织，节假日带上家人到四季绿现代农业产业园去游玩成了附近群众的最佳选择。“以春节为例，每天约3万人入园。”对于产业园建设给公司带来的好处，公司总经理伍一辉了如指掌。

江门新会，从一块不起眼的陈年果皮入手，在现代农业产业园的带动下，从种植向深加工、销售、流通、旅游休闲等领域不断延伸，把一块小陈皮，变成了超过60亿元的产业，实现了“小陈皮”变成“大产业”。

2018年初，省级财政计划3年总投入达75亿元，从2018年起，每年创建50家现代农业企业，到2020年创建150个现代农业产业园，最终形成“百园强县、千亿兴农”的产业兴旺新格局。

接二连三，融合发展。惠州四季绿现代农业产业园和新会陈皮国家现代农业产业园、省级现代农业产业园只是其中的缩影，传统的第一产业正在重新焕发生机。

省农业农村厅提供的数据显示，2018年创建的50个省级现代农业产业园中，521个参与实施主体累计带动农户122.7万人，农户年均收入水平高于当地县域人均收入水平约25%，为我省实施乡村振兴战略提供了有力支撑。

与此同时，省政府还决定自2019年起，连续3年整合筹措省级及以上财政资金超过30亿元，支持“一村一品、一镇一业”富民兴村产业建设。

根据工作方案，全省每年扶持1000个村发展农业特色产业，到2021年全省扶持3000个村发展农业特色产业，形成200个特色农业专业镇，实现粤东粤西粤北地区全覆盖。

省级现代农业产业园“龙头”带动，激发产业振兴的强大活力。2018年，全省农林牧渔业总产值6326.3亿元，增加值3943.5亿元，同比分别增长4.2%和4.3%，增幅自2013年以来最高；2019年一季度，广东农业生产呈现稳中有进态势，实现农林牧渔业增加值797.51亿元，同比增长3.7%，增幅比上年同期提高0.4个百分点。

农村更美

10年投入超千亿提升人居环境

乡村振兴，生态宜居是关键。

大埔围村位于广州市增城区与惠州市交界，被当地人称为“角落村”。村里环境脏乱，同时缺乏优质自然资源，如何才能彻底改变这个村的面貌？

“人心齐才能泰山移！”增城区大埔围村第一书记张帆说。实施乡村振兴战略以来，在大埔围，盘活闲置土地、参与美丽乡村建设、打造创新创业实践基地、推动家乡建设等工作层出不穷，玫瑰、紫薇、大红花、格桑花等尽情绽放，吸引大批游客到来，打造“花海”的大埔围也成为远近闻名的“网红村”。

2019年3月，四会成功入选“全国2018年农村人居环境整治成效明显激励县”。全国共20个县（市、区）入选，四会是我省唯一上榜县城——这是四会市举全市之力全域推进农村人居环境整治工作的结果，全市农村生产生活生态环境也因此得到大幅改善，建成水车村、杨村等一批美丽乡村示范点，并成为全省乡村振兴工作粤西片区推进会的学习样板。

这样的例子不胜枚举，农村人居环境整治工作已深入开展你追我赶。我省把农村人居环境整治工作作为实施乡村振兴战略的第一场硬仗，通过加大投入力度、动员各方力量、整合各种资源、强化各项举措等，加快补齐突出短板，举全省之力推进。

从2017年起，省财政计划10年投入约1600亿元，重点补齐农村人居环境和基础设施短板；2018年省级财政乡村振兴资金统筹安排616.8亿元，同比增长125.9%，规模历年最大，增幅历年最高。

如今短板被逐渐补齐。截至2019年3月31日，全省接近13万个自然村完成了“三清三拆三整治”，约占全省自然村总数的83%；12.5万个自然村实现村道路面硬化，约占全省自然村总数的82%；逾10万个自然村实现集中供水，占全省自然村总数的70.72%；12.1万个自然村已建立垃圾收运处理体系，约占全省自然村总数的80%……

3年见成效、5年大提升、10年根本改变农村落后面貌，要完成这样的目标，全省上下信心满满。

农民更富

“主力军”带动农民收入节节攀升

广东粤森生态农业科技有限公司总经理黄创尚是新型职业农民的代表。他和广州中医药大学的教授专家合作，把公司种植的牛大力这一药材

□ 南药牛大力种植基地（张由琼 摄）

进行深加工。

目前公司有牛大力联合种植基地2000多亩，辐射带动农户种植牛大力面积2万多亩，未来3年内辐射带动农户种植牛大力面积将超过6万亩。“在此基础上，我们也将加快产品深加工和品牌推广。3年后，产业总产值将突破40亿元，产品深加工将形成百亿特色产业链。”黄创尚说。

在河源市东源县锡场镇杨梅村也有一波年轻“主力军”在带动农户增收致富，这个曾经的贫困村有越来越多在外闯荡的年轻人回到家乡发展：村民李检连回到家乡种了50亩高山茶；李笏辉养了60头山羊；李建明回村种了10亩百香果……30岁左右的年轻人回乡，让村子越来越有活力。

“乡村振兴战略让我们看到了希望。”李建明说，如今的杨梅村环境、民风、管理越来越好，在多个产业带动下，村民更加富裕。回到农村的“主力军”为家乡带来了新技术、新理念，多个产业的带动下，杨梅村焕然一新，彻底告别贫困村的历史。

乡村振兴，人才先行。至2018年年底，全省农业龙头企业达4260家；农民合作社达到4.7万家；家庭农场1.72万家；全省已累计培训新型职业农民74万人次，认定新型职业农民4.5万人。他们都是乡村的新生力量，是乡村振兴的“主力军”。

伴随全省扎实推进乡村振兴战略，“主力军”带动效应显现，农民的收入节节攀升，也激活了农村消费市场。

全省农业龙头企业通过合同、订单、股份合作等利益联结方式，联结带动省内农户463.5万户，带动农户年户均增收4435元。

据统计，2018年全省农村居民人均可支配收入17168元，名义增长8.8%，实际增长6.8%，增速持续高于城市居民可支配收入和地区生产总值增速，城乡居民收入比进一步缩小至2.58∶1。

收入的提高也带动了消费的提升。2019年1—4月，广东实现社会消费品零售总额13538.85亿元，比上年同期增长6.7%。其中，农村市场增长8.5%，乡村增幅比城镇增幅快2.1个百分点。

图说

南方日报 南方+

一图读懂 | 十看广东经济亮点

潜力全面释放

乡村振兴为全省经济社会发展提供有力支撑

1 产业振兴强大活力被激发

省级财政计划3年总投入达75亿元

从2018年起，每年创建50家现代农业企业

到2020年创建150个现代农业产业园

广东2018年

创建的50个省级现代农业产业园中

521个参与实施主体累计带动农户122.7万人

约25%

农户年均收入水平

高于当地县域人均收入水平

自2019年起

连续3年整合筹措

省级及以上财政资金超过 30亿元

支持“一村一品、一镇一业”

富民兴村产业建设

全省每年扶持1000个村

发展农业特色产业

到2021年全省扶持3000个村

发展农业特色产业

形成200个特色农业专业镇

2018年

全省农林牧渔业

总产值 6326.3亿元 增长4.2%

增加值 3943.5亿元 增长4.3%

增幅自2013年以来最高

2019年一季度

全省实现农林牧渔业

增加值797.51亿元

同比增长3.7%

增幅比上年同期

提高0.4个百分点

2 农村人居环境和基础设施短板渐补齐

省财政计划10年

投入约 1600亿元

重点补齐农村**人居环境**和**基础设施**短板

2018年

省级财政乡村振兴资金

统筹安排616.8亿元

同比增长 125.9%

规模历年最大、增幅历年最高

截至2019年3月31日

全省接近13万个自然村完成了

“三清三拆三整治”

12.5万个自然村

实现村道路面硬化

逾10万个自然村实现集中供水

12.1万个自然村

已建立垃圾收运处理体系

3 农民更富带动消费升级

至2018年底

全省农业龙头企业达4260家

农民合作社达到4.7万家

家庭农场1.72万家

全省已累计培训新型职业农民74万人

认定新型职业农民4.5万人

全省农业龙头企业联结带动省内农户463.5万户

带动农户年户均增收4435元

2019年第一季度

广东农村常住居民人均可支配收入为5414.8元

同比增长8.7%

增速比上年同期提高0.3个百分点

2019年1—4月

广东实现社会消费品零售总额13538.85亿元

比上年同期增长6.7%

农村市场增长8.5%

乡村增幅比城镇增幅快2.1个百分点

策划：郎国华
统筹：谢美琴 郑佳欣 黄应来
文本：黄进
视觉统筹：邱洪添 张西陆
制图：麦瑜瑜
校对：符如瑜
数据来源：广东省农业农村厅
广东省统计局

快评

乡村振兴“潜力板”如何激发新活力？

扫二维码收听本篇广东经济快评

当前，乡村振兴成为广东经济发展的潜力板，不断释放出活力。

投资是拉动经济的三驾马车之一，乡村振兴的潜力在投资体现得淋漓尽致：现代农业产业园，3年总投入达75亿元；“一村一品、一镇一业”富民兴村产业，连续3年整合筹措省级及以上财政资金超过30亿元；针对农村人居环境和基础设施短板，省财政计划10年投入约1600亿元……这些都是“大手笔”，可谓“真金白银地投”。可以预见，在接下来一段时间里，乡村地区基础设施建设将释放出巨大的市场潜力。

作为拉动经济的另外一驾马车，农村消费也蕴藏着巨大的能量。广东人口过亿，菜篮子、果盘子、米袋子、茶罐子等需求旺盛。目前，随着乡村振兴战略的深入推进，这种能量正在不断释放，未来，这些需求将为全省经济发展注入更强动力。

（黄进）

金融发力支持实体经济向好

广东省新增贷款过半"浇灌"民企

2019年5月31日，广州本土世界500强企业雪松控股与工商银行广州分行签署全面金融服务战略合作协议。200亿元的大笔金融服务支付额度，让此项战略合作"含金量"十足。

金融活，经济活；金融稳，经济稳。广东省地方金融监督管理局提供的数据显示，2019年一季度全省实现金融业增加值2150亿元，同比增长9%；实现税收收入（不含海关代征关税和证券交易印花税）合计787.6亿元，同比增长19.6%。

实体经济的强劲增长，为广东金融市场交易活跃提供了坚实的土壤。来自人民银行广州分行的数据显示，2019年4月末，广东本外币各项贷款余额15.44万亿元；各项存款余额21.81万亿元，同比增长9.9%。

实体经济获得全方位“浇灌”，金融加速“脱虚向实”。广东银保监局数据显示，截至2019年4月末，广东辖区内，新增贷款投向实体经济占比较上年同期提高26.2个百分点，民营企业贷款占企业贷款总量50%以上。

4月制造业单位贷款比增7.6%

2019年5月22日，位于珠海市金鸡路的格力电器格外热闹，淡马锡、百度、高瓴、厚朴等20多家国内外资本巨头代表座驾悉数驶入工厂1号门。他们为一笔超400亿元的“大生意”而来——格力集团转让格力电器15%股权项目意向投资者见面会，他们都是意向投资者。

一家本土的家电企业获得境内外资本竞相追逐，其背后折射的是广东制造不断自我革新、自我升级，从过去的“三来一补”迈向如今的智能制造享誉全球，也成为资金追逐的标的。

截至4月末，广东制造业单位贷款余额同比增长7.6%，比上年同期提高5.1个百分点；2019年前4月，广东吸收实际外资同比增长达16.9%。

从数据看，截至2019年4月末，广东本外币各项贷款余额15.44万亿元，约占全国增量的1/8。其中，单位中长期贷款增速高达20.4%，更创2011年以来新高。分析认为，2019年以来广东经济回升稳定性增强，实体经济有效信贷需求进一步增加，企业中长期投资加大，以及银行储备的大型项目贷款转化率提升。

“广东资金‘脱虚向实’趋势明显。”广东银保监局副巡视员李兵表示。来自广东银保监局数据显示，截至2019年4月末，新增贷款投向实体经济占比较上年同期提高26.2个百分点，民营企业贷款占企业贷款总量50%以上。其中一季度，制造业贷款同比增速连续四个季度提高，保险业累计提供风险保障341万亿元，较上年同期大幅增长1.86倍。

金融精准滴灌，经济的薄弱环节焕发生机。在肇庆四会清东村，柏平夫妇刚刚拿到了一笔40万元的无抵押贷款，用于采购松树皮的资金有了着落。

2019年，像柏平夫妇经营的小微企业一样，从“零银行授信”到获得信贷支持的企业不在少数。年初，人民银行广州分行携手广东银保监局共同展开“访百万企业　助实体经济”专项行动，计划年内走访超100万家暂未纳入银行授信名单的民营和小微企业。

150余个银团项目带动8700亿元授信

2019年4月2日中午12时，随着一辆红色的货车驶入东涌立交，备受关注的珠江口过江通道——南沙大桥正式通车。作为《粤港澳大湾区发展规划纲要》发布后的首个“超级工程”，南沙大桥建设离不开金融——由邮储银行广东省分行联合中、农、工、建及中国进出口银行组成的银团贷款确保了南沙大桥建设期间每一笔融资资金按时到位，为南沙大桥的如期通车提供了资金保障。

“从收集资料到贷款发放，仅用了不到一周的时间，10亿元的融资贷款便及时到账。”建设银行广东省分行营业部负责南沙大桥项目对接的客户经理邢飞感慨万分。

联通湾区的“超级工程”和大项目为广东金融发展打开了增量空间。据广东省银保监局数据，截至2019年第一季度，辖区内已组成150余个银团贷款，支持大湾区“一桥双港三铁四高速”等重大互联互通项目超700个，授信金额超8700亿元。

除了银行，来自基础设施建设的巨大机会，也让看中长期收益的保险资金加速流入广东。数据显示，2017年，险企开始布局大湾区基础设施、现代产业和重大项目，当年在粤累计投资余额超过8000亿元。到2019年一季度，这一数据已经增长至9000亿元。

发展特色金融打造独有竞争力

2019年3月1日，广州迎来上海证券交易所南方中心正式落户，成为全国金融行业焦点。未来上海证券交易所南方中心将以广州为据点，为广东、福建、海南等南方省份提供资本市场相关服务。

广发证券首席经济学家、董事总经理沈明高认为，重要金融基础设施平台落户广东，不但提升了广东的金融供给实力，也抬升了大湾区的总体金融实力。

广东对金融机构的“虹吸效应”在三个政策“高地”自贸片区最为明显：

在前海蛇口自贸片区，CEPA框架下金融业对港澳地区开放措施全面落地，截至2019年3月底，片区累计注册持牌金融机构244家，商业保理、融资租赁等金融相关服务机构5万余家，成为全国最大的新金融、类金融机构集聚地。

在南沙自贸片区，融资租赁、商业保理、航运金融、股权投资等领域发展迅速，构建了有竞争力的产业金融体系。截至2019年4月，落户南沙的金融和类金融机构达到6000多家，比自贸片区挂牌前增加52倍。

□ 2019年3月1日，上海证券交易所南方中心正式揭牌落户广州（肖雄 摄）

在横琴自贸片区，作为粤澳跨境金融合作（珠海）示范区的首要载体，澳门特色金融服务基地将在2019年三季度迎来首批特色金融企业。截至2019年4月底，横琴自贸片区共有金融和类金融企业6558家，注册资本达10344.45亿元；财富管理机构资产管理规模达2.41万亿元。

资金的汇聚而来，除了政策红利释放的原因，更因广东这片经济沃土提供了产业“滋养”特色金融的机会：

在惠州，普安电子的生产车间运转赶制的“订单”成为“金单”，在供应链金融的激活下，为公司带来4000万元的融资贷款。“订单不断增加，需要资金投入购置设备。”董事长张安说。普安电子只是供应链金融受惠的上万家企业之一。在这个电子信息产业的集散地，TCL集团围绕自身供应链体系，开发出“简单汇”平台，一举打通了从一级供应商到N级供应商的上万家中小企业的应收账款融资“新关节”，盘活了990亿元应收账款，化作涓涓“金融活水”浇灌了上万家中小企业供应商。

南方日报 南方+
一图读懂
十看广东经济亮点

不搞虚的！一图秀出广东金融的"硬核实力"

经济是肌体，金融是血液。随着粤港澳大湾区的建设全面推进，金融要素加速涌入广东这片"乐土"，与经济共生共荣。最近的一组数据秀出了广东金融的"硬核实力"。

1 金融活力持续提升

●一季度全省实现金融业

增加值 2150 亿元 同比增长 9%

实现税收收入合计 787.6 亿元 同比增长 19.6%

●贷款余额再创新高

4月末，本外币各项贷款余额 15.44万 亿元

增速比全国水平高3.5%

增量占全国1/8

存款余额 21.81 万亿元 同比增长 9.9%

●广东吸收实际外资同比增长达 16.9%

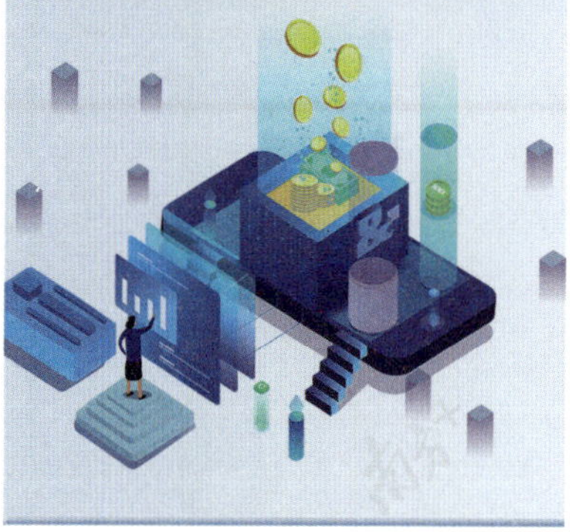

2 "脱虚向实"成效显著

●4月末，广东非金融企业及其他单位新增中长期贷款3758亿元，增速高达20.4%，创2011年以来新高，信贷结构持续优化

制造业贷款余额连续四个季度提升
同比增长 7.6%
比去年同期提高 5.1%

新增贷款投向实体经济比重较去年同期提升 26.2%
民营企业贷款占企业贷款总量超 50%

700 个基础设施项目
获 150余 个银团贷款
授信金额超 8700 亿元

保险业提供风险保障 341 万亿
较上年同期增长 1.86倍

险资在粤投资余额达9000亿元

3 机构聚焦，特色金融发展有道

●金融"虹吸效应"明显

上海证券交易所南方中心正式落户广州

前海蛇口自贸片区

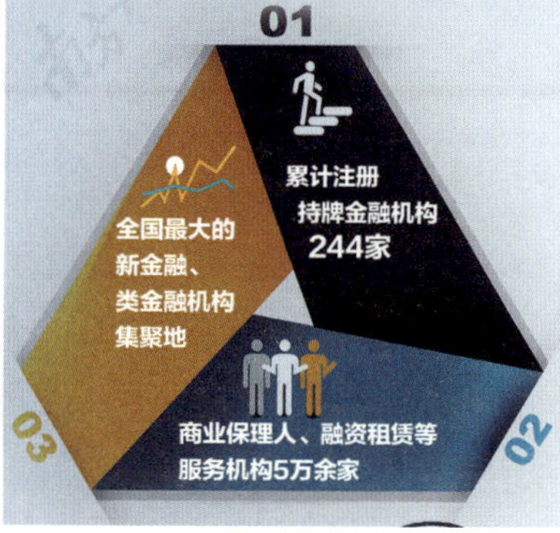

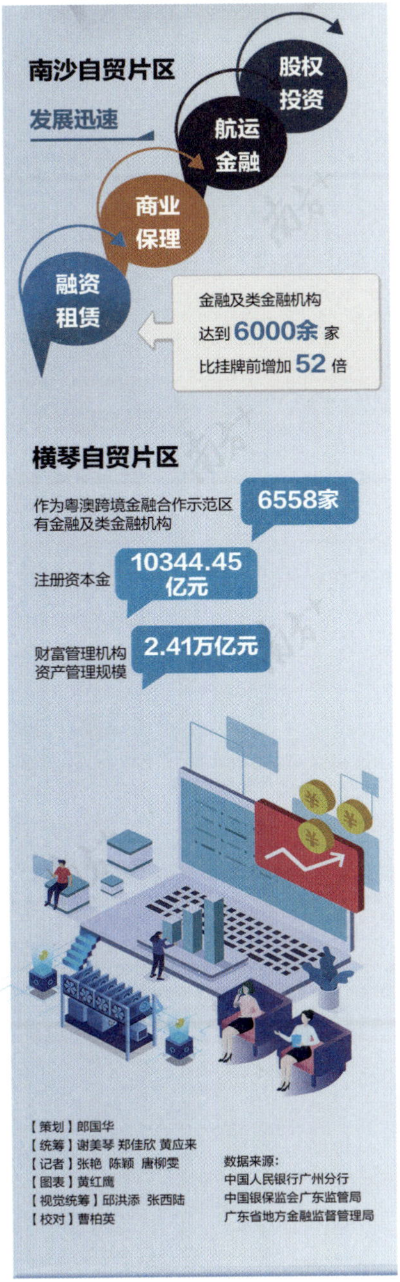
南沙自贸片区
发展迅速
股权投资
航运金融
商业保理
融资租赁
金融及类金融机构
达到6000余家
比挂牌前增加52倍
横琴自贸片区
作为粤澳跨境金融合作示范区
有金融及类金融机构
6558家
注册资本金
10344.45亿元
财富管理机构
资产管理规模
2.41万亿元
【策划】郎国华
【统筹】谢美琴 郑佳欣 黄应来
【记者】张艳 陈颖 唐柳雯
【图表】黄红鹰
【视觉统筹】邱洪添 张西陆
【校对】曹柏英
数据来源:
中国人民银行广州分行
中国银保监会广东监管局
广东省地方金融监督管理局

快评

广东企业凭什么如鱼得水？

扫二维码收听本篇广东经济快评

金融活，经济活；金融稳，经济稳。近期披露的2019年4月广东金融统计数据振奋人心：更多金融资源被有效配置到国民经济的重点领域和薄弱环节，为广东实体经济平稳健康发展提供了有力支撑。

——广东本外币各项贷款余额15.44万亿元，其中单位中长期贷款增速高达20.4%，创2011年以来新高。

——广东（除深圳）新增贷款投向实体经济占比较上年同期提升26.2个百分点，民营企业贷款超企业贷款总量“半壁江山”。

——普惠口径小微贷款余额1.24万亿元，比年初增加1248亿元。

这组数据说明：实体经济的平稳健康发展，为广东金融市场的活跃提供了坚实的土壤；而有了金融对实体经济之树的全方位“灌溉”，广东金融业也加快了“脱虚向实”的脚步，集中火力为实体经济保驾护航。

（张艳　陈颖　唐柳雯）

深化增值税改革实施首月广东减税破百亿元，制造业最受惠

减税降费红利落袋 企业发展动力更足

2019年，我国目标减轻企业税收和社保缴费负担近2万亿元，规模空前、力度罕见。一系列减税降费“组合拳”相继施展开来——小微企业普惠性减税政策、个人所得税改革、深化增值税改革……

招招真金白银，拳拳精准到点，广东坚决将减税降费政策落实到位——确保主要行业税负明显降低，确保部分行业税负有所降低，确保所有行业税负只减不增。记者从2019年6月5日召开的省政府减税降费新闻发布会上获悉，2019年1—4月，广东（含深圳，下同）新增减税672.7

亿元。仅深化增值税改革政策落地首月，广东省增值税减征税额达130亿元，减税幅度达27.3%。

春江水暖鸭先知。“仅增值税税率降3个点这一项，我们预计就能减3亿元。”OPPO集团有关负责人龚龙说，这为他们充实研发团队、更新生产设备提供了充足资金。“小规模增值税纳税人免税标准月销售额从3万元提到10万元，我们不用再交增值税，减税幅度达到100%！”介浔鱼丸店负责人陈诗进说。

广东省各类市场主体的税费负担明显减轻，税收改革红利正在逐步转化为优化经济结构、扩大有效需求的发展动能。截至2019年5月，全省正常税务登记户数同比增长11.5%。2019年1—4月，规模以上民营工业企业增加值同比增长8.6%。

制造业稳信心

电子设备和汽车制造业减税效应最显著

制造业是我国实体经济的重要组成部分，也是实施减税降费政策的重要着力点之一。目前，制造业减税居各行业首位。

深化增值税改革自2019年4月1日起实施，制造业等行业增值税率从16%降至13%，力度前所未有。对于处于转型升级和创新发展关键期的制造业来说，这场“及时雨”下得酣畅——制造业减税呈现出减税规模大、减税幅度高、装备制造业减税最突出三大特点。

改革实施首月，广东省制造业减征增值税61.4亿元，占总体减征增值税金额的比例达到47.2%，在所有行业中居首位。从减税幅度看，制造业达到33.7%，比各行业整体减税幅度高近7个百分点。

作为广东省制造业的重点领域，装备制造业在深化增值税改革中的减税效应最为突出，通用设备制造业、专用设备制造业、仪器仪表制造业等8个装备制造明细行业共减征增值税29.1亿元，占制造业减征增值税总额的47.4%。其中，计算机、通信和其他电子设备制造业减征增值税9.9亿元，汽车制造业减征增值税6.3亿元，是减税效应最为显著的两个行业。

这有力地激发和坚定了广大制造业特别是高端制造业企业扎根广东高质量发展的决心。

“关键核心技术买不来、讨不来，必须靠自主研发。我们准备新建总部基地，工程预算10亿元，把减税降负的红利直接转化成企业的科研资金。”深圳市优必选科技股份有限公司负责人说。2019年，6台大型仿人服务机器人Walker惊艳亮相春晚，这是这家粤企第3次登上这个舞台，向全球展现广东的创新力量。

“预计整个集团将减少税费超过20亿元。”广汽集团股份有限公司副总经理王丹说，这让企业能够将更多的资金用于新产品、新技术的研发与市场推广。

明阳智慧能源集团股份公司董事长张传卫则直接算了笔账：“如果把我们税费减免的2亿元投到技改上，可以建4条机器人叶片生产线，实现智能化生产；投在研发上，可以研发两款大型风电整机。”

对此，北京师范大学教授陈厚忠表示：“企业只有持续创新，才能维

□ 中山市明阳智慧能源集团股份公司的生产车间（董天健 摄）

持在市场的竞争力。国家的减税降费政策不仅降低了企业成本，更是激励他们投入更多资源到研发创新中去，为高质量发展注入新动能。”

普惠性效果好
小微企业新增减税65.8亿元

“此次减税降费，既有面向制造业精准减税的‘主菜’，又有聚焦小微企业群体的普惠性政策，还有惠及每一名自然人的个税改革，普惠面广、减税幅度大，给企业和个人都带来满满的获得感。”广东省税务局副局长陈忠明介绍，2019年1—4月，广东小微企业普惠性政策新增减税65.8亿元。其中：增值税小规模纳税人免税标准由3万元提至10万元后，新增减免增值税17.2亿元；小型微利企业标准大幅提高后，新增减征企业所得税34.2亿元。

小微企业是促进创业创新和保持就业稳定的主力军，普惠性减税政策与增值税改革的红利叠加发挥“乘数效应”，助它们轻装上路，步伐矫健——

“今年可以不用交增值税了！”广州逸彩彩瓷设计有限公司、非遗广彩传承人翟惠玲说，这让她坚定了传承非遗的信心。

“我们成立还不到两年，正处于起步关键期，普惠性税收减免了4万多元，有利于我们扩大生产。”中山市沃进脚轮有限公司负责人刘耀祥说。

随着大规模减税降费政策的相继落地，全省宏观税负同比下降。在外部经济环境总体趋紧的情况下，稳定了市场信心。截至2019年5月，全省正常税务登记户数同比增长11.5%。

个税方面，2019年1—4月，个人所得税改革新增减税324.4亿元。“据测算，TCL员工人均减税幅度达56.8%。红利落实到口袋里，到手的工资多了，大家工作起来更有干劲了，企业发展动力更足！”TCL集团股份有限公司董事长兼CEO李东生说。

个人所得税改革为个人省下的税款，转化为购买力，进一步刺激内需、提振消费。数据显示，2019年1—4月，广东省商品零售增长6.5%，餐饮收入增长8.4%。通过减税降费把更多资金留给企业和个人，同样能够发挥出拉动经济增长、促进消费升级等重要作用。

"紧日子"换"好日子"
"三公"经费比上年下降10.7%

减税降费既要算好当前账和长远账，又要算好企业账和政府账。以一定时期税收的减少，换取企业利益的多收和长远的充沛税源，也是我国财政的可持续性布局。

送出减负"大礼包"的同时对地方财政收支平衡产生的压力，广东如何化解？省财政厅总会计师钟炜介绍，广东积极应对，将多渠道筹措资金弥补减收，包括加快盘活国有资产资源，将国有企业收益上缴财政的比例提高到30%。

同时，面对实施更大规模减税降费带来的财政减收，党政机关必须带头过"紧日子"，来换企业和群众的"好日子"。广东省大力压减一般性支出，省级一般性支出按5%的比例统一压减，"三公"经费比上年下降10.7%。广东还坚持保障重点支出需要，加大对市县的转移支付力度。

越是减税降费，越要花钱问效。广东还将硬化预算执行约束，无预算不安排支出，除应急救灾等支出外，预算执行中一般不再追加预算；深化以"两转变、两精简、两提高"为核心内容的预算编制执行监督管理改革，落实部门预算执行主体责任；加强财政运行监控分析，完善财政运行监控机制，密切关注减税降费对财政运行的影响，把有限的资金花好用好。

此外，政府部门持续优化服务，也让广大企业的获得感大大增强。

"不仅因为降低了税收负担，办税缴税手续也更为简便。有关部门上门为企业宣传增值税改革的政策，帮助企业更简便快捷享受到增值税改革的红利。这让企业发展底气更足，研发动力更强，发展质量更高。"广东省工商联秘书长李汉峰说。

数据显示，税务部门在全省605个综合性办税服务厅设置了减税降费

□ TCL的自动化生产线（王昌辉 摄）

专区或减税降费专岗，并建立以小微企业为主要服务对象的涉税诉求和意见快速响应机制。

“减税降费政策既利当前又利长远。”广东财经大学特聘教授李林木表示，从短期看，能减轻企业负担，增强企业发展后劲；从长远看，有利于优化经济结构，拉动投资和消费，进而为粤港澳大湾区持续发展提供强劲动力。

图说

| 一图读懂 | 十看广东经济亮点

1-4 月广东新增减税 672.7 亿

规模罕见 减税降费见效了！

2019年，我国目标减轻企业税收和社保缴费负担近 2 万亿元，规模空前、力度罕见。

广东坚决将减税降费政策落实到位——确保主要行业税负明显降低，确保部分行业税负有所降低，确保所有行业税负只减不增。

1—4 月，广东新增减税 672.7 亿元。仅深化增值税改革政策落地首月，我省增值税减征税额达 130 亿元，减税幅度达 27.3%。

税收改革红利正在逐步转化为优化经济结构、扩大有效需求的发展动能。截至 2019 年 5 月，我省正常税务登记户数同比增长 11.5%。1—4 月，规模以上民营工业企业增加值同比增长 8.6%。

1 1-4 月广东新增减税 672.7 亿元

2019 年 1-4 月，全国累计新增减税 5245 亿元。同期广东累计新增减税 672.7 亿元，主要由三部分构成：

- 2019 年新出台的减税政策新增减税 241.4 亿元
- 2018 年实施、2019 年翘尾的减税政策新增减税 428 亿元

- 2018 年到期后 2019 年延续实施的减税政策新增减税 3.3 亿元

全省宏观税负同比下降，稳定了市场信心。截至 2019 年 5 月，全省正常税务登记户数 同比增长 11.5%

2 制造业减税居各行业首位

深化增值税改革自 4 月 1 日起实施、5 月 1 日起申报纳税，其政策效应具有三个特点：

减税力度大，单月减税突破百亿。

深化增值税改革政策落地首月，全省增值税减征税额达 130 亿元。

减税幅度达到 27.3%

政策导向强，制造业减税居各行业首位。

改革实施首月，我省**制造业**减征增值税 61.4 亿元。

占总体减征增值税金额的比例达到 47.2%

装备制造业在深化增值税改革中的减税效应最为突出。通用设备制造业等 8 个装备制造明细行业共减征增值税 29.1 亿元。

占制造业减征增值税总额的 47.4%

其中，计算机、通信和其他电子设备制造业减征增值税 9.9 亿元，汽车制造业减征增值税 6.3 亿元，是减税效应最为显著的两个行业。

政策配套措施效果好。

生产、生活性服务业共减征增值税 8.7 亿元。

3 小微企业减税政策和个税改革普惠效果好

1-4 月广东小微企业普惠性政策新增减税 65.8 亿元，显示出普惠面广、减税幅度大等特点。

其中：增值税小规模纳税人免税标准由 3 万元提至 10 万元后，新增减免增值税 17.2 亿元；小型微利企业标准大幅提高后，新增减征企业所得税 34.2 亿元。

1-4 月，个人所得税改革新增减税 324.4 亿元。
数据显示，2019 年 1-4 月，
广东省商品零售增长 6.5%
餐饮收入增长 8.4%

4 以政府过紧日子换企业过好日子

广东省将在以下 6 方面积极开源节流，保障经济建设和社会运行的需要。

多渠道筹措资金弥补减收
将国有企业收益上缴财政的比例提高到 30%

党政机关带头过紧日子
省级一般性支出按 5% 的比例统一压减，
"三公"经费比上年下降 10.7%

保障重点支出需要

硬化预算执行约束

深化预算编制执行监督管理改革

加强财政运行监控分析

策划：郎国华
统筹：谢美琴 郑佳欣 黄应来
文本：肖文舸 黄叙浩 王佳欣
视觉统筹：张西陆 谭唯
制图：谭唯 吴颖岚
校对：符如瑜
数据来源：省税务局 省财政厅

南方网红
肖文舸工作室

快评

减税降费见效了！“广东制造”最有获得感

扫二维码收听本篇广东经济快评

我手头有一组数据：2019年1—4月，广东新增减税672.7亿元。仅深化增值税改革政策落地首月，全省增值税减征税额达130亿元，减税幅度27.3%。其中，作为实体经济的重要组成部分，制造业在深化增值税改革中受益最大，增值税率从16%降至13%，力度前所未有。

改革实施首月，广东省制造业减征增值税61.4亿元，占总体减征增值税金额的比例达到47.2%，在所有行业中居首位。可以说，“广东制造”在此次减税降费中最有获得感。

我们都知道，制造业是振兴实体经济的主战场，是广东经济的根基所在。减税给广东的制造业企业带来了更多的现金流，为企业发展带来更多可能。减税降费红利的集中兑现，将给制造业的发展注入新的动力。

（黄叙浩　肖文舸　王佳欣）

第二章

例解·广东行动

向改革要活力　向创新要动力

加速迈向高质量发展

广东十九项工作获国务院督查激励

日前，经国务院同意，国务院办公厅印发通报，对2018年落实打好三大攻坚战和实施乡村振兴战略、深化“放管服”改革、推进创新驱动发

展、持续扩大内需、推进高水平开放、保障和改善民生等有关重大政策措施真抓实干、取得明显成效的24个省（区、市）、80个市、120个县等予以督查激励，相应采取30项奖励支持措施。

其中，广东省共获相关27项督查激励中的19项，数量位居全国首位，创历年最好成绩。

亮眼“成绩单”的背后，是广东认真落实党中央、国务院重大政策措施，真抓实干，努力实现“四个走在全国前列”、当好“两个重要窗口”的主动作为和积极探索——持续深化改革优化营商环境，坚持创新驱动推动产业转型升级，向改革要活力，向创新要动力，广东加速迈向高质量发展！

外贸消费投资“量”“质”齐升

经济发展韧性更强

2019年以来，面对错综复杂的国内外经济形势，广东省大部分主要经济指标增速保持平稳，充分显示出广东经济的活力与韧性——2019年1—4月，固定资产投资额同比增长11%，基础设施投资增长27.3%；外贸进出口总值突破2万亿元，出口增长2.4%；社会消费品零售总额同比增长6.7%，农村市场消费增速超过城镇……

这些数据，恰好与国务院督查激励的“榜单”互相印证——“促进外贸、外资稳定增长，积极优化营商环境成效明显”“推进农产品流通现代化、积极发展农村电商和产销对接成效明显”“公路水路交通建设年度目标任务完成情况好、地方投资落实到位、促进社会资本进入交通建设领域措施有力、交通债务风险防控工作落实有力”……这些工作事项悉数上榜。

2019年5月初，德国化工巨头巴斯夫宣布，将在湛江智慧一体化基地新建一个工程塑料改性装置和一个热塑性聚氨酯（TPU）生产装置。“项目正在快速推进。”巴斯夫亚太区（职能管理）总裁、大中华区总裁兼董事长柯迪文满怀期待。2019年前4月，美的洗涤电器制造有限公司已有数千批货物出口至“一带一路”沿线国家和地区，同比增长51.2%。

“2018年全省货物进出口7.16万亿元，增长5.1%，首次突破7万亿元大关，占全国的23.5%，连续33年居全国首位；实际利用外资1450.9亿元，增长4.9%，增速比全国高4个百分点，为全国稳外贸、稳外资提供了有力支撑。”省商务厅有关负责人告诉记者。

当“广货”在海外“开疆辟土”的同时，农村电商在广大农村焕发新活力。

在清远的英德市，全市共计建成241个镇、村级电商服务站点，实现物流快递全市24个镇街全覆盖，近三年全市电商快递件数年均增速为100.5%。2018年，英德市农产品网络销售额约为7亿元，近三年年均增速达110.85%。

通过“区块链技术+平台电商渠道”，当地实现了英德红茶可溯源，首发了全球首款区块链追溯红茶。英德茶行业协会常务副会长梁志宇说，今后5年内，将有1万亩茶园纳入该溯源体系。

发达的电商物流，离不开交通基础设施建设的大力提速。

2018年，广东交通基本建设完成投资1586亿元，创历史新高，超中央下达任务的44.2%。其中，公路水路交通建设目标任务全面超额完成：建成高速公路769公里，为年度计划的110%；完成新改建国、省道277公里，为年度计划的139%；完成新改建农村公路4737公里，为年度计划的158%。

持续深化改革优化营商环境

每千人拥有企业44户

“深化商事制度改革成效显著、落实事中事后监管等相关政策措施社会反映好”“大力培育发展战略性新兴产业、产业特色优势明显、技术创新能力强、产业基础雄厚”“土地节约集约利用成效好、闲置土地少且用地需求量较大”——国务院对广东这几项工作予以充分肯定。

商事制度改革是优化营商环境的“先手棋”。在广东，目前开办企业全流程已压缩至5个工作日内。按照世界银行全球营商环境评价体系标准测算，广东开办企业便利度达到全球190个经济体第18位的水平。

东莞着力打造商事制度改革“全国样本”。2019年4月，该市聚焦解决企业在市场准入中遇到的“痛点”和“难点”，正式启用全国首批企业开办全流程智能服务一体机，打通了政务与金融的领域壁垒，真正实现了企业开办全流程一体化办理。

广东省市场监督管理局提供的数据显示，截至2019年4月底，全省实有各类市场主体1183.39万户，同比增长10.07%。全省每千人拥有企业44户，已超越中等发达经济体最高水平。

栽好梧桐树，自有凤来栖。营商环境优化吸引优势项目落户，有力推动产业结构转型升级。

在广州市，一大批高精尖重大项目陆续取得突破性进展：2018年12月，瑞士制药巨头、全球最大的生物药物生产企业龙沙集团入驻广州GE生物科技园；2019年3月，包括百济神州广州研发中心在内的35个重大项目在广州集中动工，总投资额达1023亿元，预计建成年产值达2118亿元。

在战略性新兴产业“十三五”规划框架下，广州市进一步聚焦新一代信息技术、人工智能、生物医药、新能源、新材料等重点领域，分别成立了总规模均达100亿元的生物医药、人工智能、轨道交通等产业投资发展基金。2018年，广州市战略性新兴产业实现增加值4090.98亿元，占地区生产总值比重的17.9%。

但加快重大项目建设不是“摊大饼”，节约集约用地是核心要义。

在广州市南沙区，土地节约集约成为评判项目招商、土地开发、供应监管的重要指标。2018年12月，南沙公开挂牌出让了首宗“交地即开工”的工业用地。南沙从土地摘牌开始就和企业密切沟通，该区行政审批局实行“一口受理”，从“串联”审批变成“并联”审批，大大压缩审批时间，提高土地利用效率。

佛山市顺德区则积极探索村级工业园改造。其中，乐从镇上华工业区项目将打造为上华智造园，重点发展高端智能装备制造、机器人产业，投资预计超过8亿元。

防范化解金融风险

打牢实体经济健康发展基础

要打牢实体经济健康发展的基础，必须筑牢防范化解金融风险的防线。“促进社会投资健康发展、企业债券发行、债券品种创新与风险防范等工作成效明显”“防范化解金融风险、营造诚实守信金融生态环境、维护良好金融秩序、健全金融消费者权益保护机制成效较好”等工作同样得到国务院嘉奖。

2018年底，广州地铁获批发行绿色债券不超过300亿元，这是迄今为止我国规模最大的优质主体绿色债券。此外，广州水投集团首期发行16亿元企业债券，年限10年，利率4.02%，发行利率创2017年以来5年期以上企业债券（含央企）发行利率新低。两家企业债券资金的成功募集，为广州市新一轮轨道交通、水环境治理项目提供了低成本、长期限的资金保障。

记者从省发展改革委了解到，2018年广东企业债券获批及发行总金额达到884.6亿元，位居全国第一。其中，募集资金有440.4亿元约定投向省级重点建设项目，主要集中在城市轨道交通、水环境治理、新能源、高端制造业、高速公路等领域。这些债券的发行将为全省重点项目建设补充资金来源，拉动投资增长。

与此同时，广东着力营造诚实守信金融生态环境，维护良好金融秩序，健全金融消费者权益保护机制工作。

过去一年，广东突出重点领域严治理，将农合机构改制和风险化解、防范处置非法集资、P2P网贷风险整治、防控证券基金业风险、金融领域扫黑除恶等作为风险防控的重点，取得阶段性成效。截至2018年末，64家需改制的农信社中，已完成批筹、开业或初审上报中国银保监会的共计58家；个别上市公司债务违约风险得到初步化解；P2P网贷机构风险得以持续压降，2018年全年在运营机构数量压降46.6%。目前，农合机构改制按照计划逐家推进。

广东还大力推进监管科技广运用。当前，省地方金融风险监测防控中心“金鹰系统”已覆盖全省1355万家市场主体，实现对24.65万家目标企业全天候监测，发现风险企业1874家，化解率达到80%，监管科技运用初见成效，实现了“主动发现—精准预警—深度分析—协同处置—持续监测”的全链条防控机制和闭环管理。

广东省获2018年国务院督查激励清单

◎深化商事制度改革成效显著、落实事中事后监管等相关政策措施社会反映好（省市场监管局牵头，东莞市获激励）

◎促进外贸、外资稳定增长，积极优化营商环境成效明显（省商务厅牵头，广东省获激励）

◎促进社会投资健康发展、企业债券发行、债券品种创新与风险防范等工作成效明显（省发展改革委牵头，广州市、深圳市福田区获激励）

◎公路水路交通建设年度目标任务完成情况好、地方投资落实到位、促进社会资本进入交通建设领域措施有力、交通债务风险防控工作落实有力（省交通运输厅、财政厅牵头，广东省获激励，新增安排中央资金5000万元用于交通项目建设）

◎防范化解金融风险、营造诚实守信金融生态环境、维护良好金融秩序、健全金融消费者权益保护机制成效较好（省地方金融监管局、人民银行广州分行、广东银保监局、广东证监局牵头，广东省获激励）

◎土地节约集约利用成效好、闲置土地少且用地需求量较大（省自然资源厅牵头，广州市南沙区、佛山市顺德区获激励，共奖励用地计划指标5000亩）

◎推进农产品流通现代化、积极发展农村电商和产销对接成效明显（省商务厅、财政厅牵头，英德市获激励）

◎改善地方科研基础条件、优化科技创新环境、促进科技成果转移转化以及落实国家科技改革与发展重大政策成效较好（省科技厅、财政厅牵头，深圳市获激励）

◎推动“双创”政策落地、扶持“双创”支撑平台、构建“双创”发展生态、打造“双创”升级版等方面大胆探索、勇于尝试、成效明显（省发展改革委牵头，广州高新技术产业开发区科学城园区、深圳市南山区获激励）

◎促进工业稳增长和转型升级、实施技术改造成效明显（省工业和信息化厅牵头，深圳市获激励）

◎大力培育发展战略性新兴产业、产业特色优势明显、技术创新能力强、产业基础雄厚（省发展改革委牵头，广州市获激励）

◎推进质量工作成效突出（省市场监管局牵头，深圳市获激励）

◎校企合作推进力度大、职业教育发展环境好、推进职业教育改革成

效明显（省教育厅牵头，广东省获激励）

◎落实鼓励和支持就业创业政策措施工作力度大，促进失业人员、就业困难人员及各类重点群体就业创业等任务完成较好（省人力资源社会保障厅、财政厅牵头，广东省获激励）

◎农村危房改造工作积极主动、成效明显（省住房城乡建设厅、财政厅牵头，高州市获激励）

◎公立医院综合改革成效较为明显（省卫生健康委、财政厅牵头，高州市获激励，新增安排中央资金500万元）

◎环境治理工程项目推进快，重点区域大气、重点流域水环境质量明显改善（省生态环境厅、财政厅牵头，深圳市获激励）

◎河长制湖长制工作推进力度大、河湖管理保护成效明显（省水利厅、财政厅牵头，予以5000万元奖励用于相关工作）

◎开展农村人居环境整治成效明显（省农业农村厅、财政厅牵头，四会市获激励，给予2000万元激励支持）

（陈晓　吴哲　袁佩如　昌道励　陈颖　王佳欣　黄叙浩）

从广东工地车间透视中国经济韧劲——

四种产业力量激荡
加速高质量发展

制造业是经济发展的脊梁，是支撑当下与未来的强劲力量。

广东，这个中国制造业的腹地，集聚着数十万家制造业企业。

连日来，记者深入广东的工地车间，透过机器轰鸣的火热现场，我们看到：无论是广东传统的家电、服装等制造业，还是新能源汽车、大型装备工业，都在以新的技术、新的组织方式，生产出新的产品。

在这里，智造的变革、技术的升维、聚变的网络、笃定坚守的企业家精神，正在成为经济韧劲的支撑力量。

中国国际经济交流中心首席研究员张燕生认为，广东正在通过要素的创造，把市场基因、实业基因和创新基因进行嫁接，探索高质量发展的新样本。

第一种力量：“智造”的变革

穿透传统与新兴产业的边界

在佛山海天调味食品股份有限公司，数万个白色玻璃池一字排开，陈列在80万平方米的天然晒池之中。

晒池中，每一颗黄豆将晒足3—9个月。这是延续数百年，广式酱油最传统的生产工艺。旁边的车间里，“唰唰唰”的机器声中，一条罐装生产线每小时出炉4.8万瓶酱油。

这个全封闭车间的洁净度超越药品工厂。机器手按照“菜单式”生产出的酱油，将经过494道质量检测。

技术赋能，为传统制造业的转型升级打开全新的空间。“老兵换了新的军装，学会了新的作战方式。”经济学家何帆形象地说，传统产业积累了大量资源与经验，这是任何一个新兴行业都无法替代、不能忽视的。

记者在珠三角的企业走访发现，越来越多传统企业正在学会新兴行业的“打法”，穿行在新的疆界和战场。

佛山市顺德区北滘镇碧江村，距离碧桂园总部大楼800米外的一片厂房，是碧桂园投资的机器人谷所在地。6款建筑机器人产品在工地上进行测试，很快将进入工地实地验证。

越来越多的企业加速从传统行业向高技术含量、高附加值的先进制造业和现代服务业跃迁。穿透传统产业和新兴产业的边界，带来的是生产力的极大释放。

这是支撑经济韧劲的第一股力量。

□ 广州粤芯半导体技术有限公司设备搬入仪式现场（梁文祥 摄）

第二种力量：技术的升维

技术创新托举起高附加值新产业

走进广州粤芯半导体技术公司的项目工地，记者看到，这里机器轰鸣，工人们紧锣密鼓推进基建施工。该公司副总裁李海明告诉记者，项目2019年9月可实现量产，预计年产值达30亿元，并可带动上下游企业形成1000亿元产值。

此时，百济神州广州生物药项目工地正在为一期工程在2019年四季度建成投产而努力。该公司专注于分子靶向和免疫肿瘤疗法的研发，计划建成2.4万升商业规模的生物制剂生产设施。百济神州副总裁高伟表示，将加大在新工艺开发、流程优化等方面的投入，深耕粤港澳大湾区。

粤芯与粤药，折射的都是背后技术的升维。在贸易全球化阶段，人们更多讨论的是城市的生产力。如今，进入创新全球化时代，人们更加关注产品的创造力。

2019年以来，南方经济智库对近百家珠三角科创企业进行了调查。调查发现，从创新活动类型来看，珠三角科创企业主要围绕主营产品开展创新活动，重点在技术或工艺创新方面实现突破。

经济学家林毅夫在《解读中国经济》中给出这样的解答："只有技术不断创新，新的高附加值的产业部门才会源源不断地出现，企业在高额利润回报的驱动下，会自发地投资于这些新兴的高附加值的产业部门，最终影响整个产业结构的变化。"

在广东，这样的趋势正在出现。从数据看，2019年1—4月，广东高技术制造业投资中，电子及通信设备制造业和医药制造业投资分别增长11.6%和25%。

技术的升维，逐步影响着资本的流向，最终将撬动产业的革新。

这是支撑经济韧劲的第二股力量。

第三种力量：聚变的网络

新交通网+新信息网加速要素流动

穿行粤港澳大湾区，逐步形成的新交通网正在引起越来越多人的关注：港珠澳大桥一桥飞架三地，广深港高铁快速穿梭城市群之间，粤港澳大湾区的互联互通不断提速，城市间的物理壁垒正在被打破。

从港珠澳大桥到广深港高铁，再到穿行珠江西岸的广珠城轨，一条全新的超级环线，将粤港澳大湾区重点城市串珠成链。

物理连接的背后，一张新信息网也在加速形成。

当广州市内首批5G公交车穿行在这座国家中心城市的大街小巷时，广州市昊志机电股份有限公司的生产车间，也已用上最前沿的5G技术。

当"5G+工厂"重新定义智能制造时，我们在河源高新区看到，这里的手机生产企业也开始更换5G生产线，拥抱新的产业浪潮。

□ 一辆从香港开往珠海的旅游大巴，行驶至港珠澳大桥的青州航道桥塔（中国结），该塔桥是整座桥的最高点（吴伟洪　张由琼 摄）

"工业互联网不只是机器代人，关键是要用大数据和机器智能把研发、设计、制造、销售、物流等所有环节，慢慢掌握在制造商手里。"《浪潮之巅》作者、硅谷知名投资人吴军告诉记者，工业互联网的发展要

自下而上，依靠企业的自主力量。

互联网去中心化、扁平化、自组织的特性，犹如一根细线，串起产业链上的生产要素，让生产更加高效。

广东瞄准了新的目标——到2022年底，5G产值超万亿元，形成世界级

5G产业集聚区，努力实现5G产业发展走在全国前列。

新交通网+新信息网，企业依托的两大网络升级，将带来生产要素的加速流动，以更小的成本获得更高的效益。

这是支撑经济韧劲的第三股力量。

第四种力量：产业的脊梁

激扬企业家精神探路创新“无人区”

最近，经济学家周其仁又开启了广东企业调研之旅。在柔宇科技的全柔性显示屏量产的生产线现场，周其仁深受触动。

7年前，柔宇科技创始人、董事长兼CEO刘自鸿与另外两名海归博士在硅谷、深圳、香港同步创办柔宇，在“柔性显示”的创新“无人区”探路前行。

“从论文开始，柔宇提出柔性显示概念时，世界上还看不到这样的产品。”周其仁感慨，这是非常难的跨越，也是非常重要的跨越。

在中山，明阳智慧能源集团股份公司董事长张传卫骄傲地向记者讲起明阳7兆瓦风机经受强台风考验的故事。这个抗台风海上大风机的关键核心技术，就掌握在明阳集团手中。

得益于广东改革开放这片沃土，张传卫带着企业一路前行，由一家作坊式小企业成长为产值超400亿元、排名世界前列的新能源领军企业。

改革开放以来，一大批广东民营企业从小到大，星星之火汇聚成耀眼灯海，靠的不是别人，而是一大批怀揣梦想的企业家笃定坚守、奋力拼搏。他们是广东产业的脊梁。

这是支撑经济韧劲的第四股力量。

岁不寒无以知松柏，事不难无以知君子。面对风险挑战韧劲十足，专注产业创新游刃有余，从广东的这四股力量之中可以看到，一幅高质量发展的壮美画卷正在南海之滨徐徐展开。

（郑佳欣　王彪　叶洁纯　李欣）

创新动力强劲　创业活力充沛　人才潜力巨大

行进大湾区　透视新动能

从广州南站出发，坐上疾驰的复兴号，仅用1小时便到达香港西九龙站。这是粤港澳大湾区建设的加速度。

12英寸集成电路可满足物联网、汽车电子、人工智能、5G等创新应用的模拟芯片需求，机器人从核心零部件到系统再到应用的全生态体系成型。这是粤港澳大湾区建设的强劲动力。

广州南沙新办企业营业执照、刻章备案、发票申领等事项一天办结，港深携手发展落马洲河套地区多项政策走在全国前列。这是粤港澳大湾区建设的充沛活力。

从中山、珠海到深圳，在创新创业基地里，越来越多创客正在开启创新项目。这是粤港澳大湾区建设的巨大潜力。

2019年5月20日到22日，作为首届粤港澳大湾区媒体峰会的重要内容，“粤港澳媒体湾区行”采访团走进粤港澳大湾区多座重点城市，走进车间、实验室和施工现场。粤港澳大湾区展现出的动力、活力和潜力，让人们更深刻体会到背后中国经济的韧性、底气和信心。

动力

从粤芯到粤药　产业新风口快速成型

“公司生产进展如何，下一步有怎样的发展计划？”5月20日下午，在广州粤芯半导体技术公司的会议室里，副总裁李海明被采访团层层围住，提问一个紧接一个。

2019年3月，该公司12英寸集成电路生产线项目的主设备迁入厂房，距离实现量产更进一步。李海明心里的石头落了地。他在采访现场透露，项目将于2019年6月投片，9月可实现量产。

工地上机器轰鸣，基建正紧锣密鼓地进行；车间内，身穿无尘防护服的工作人员来回穿梭。

“实现量产之后，预计年产值达30亿元，并带动上下游企业形成1000亿元产值。”李海明表示，项目产品可满足物联网、汽车电子、人工智能、5G等创新应用的模拟芯片需求。

东莞松山湖的国际机器人产业基地，在广东拓斯达科技一楼的机械手装配测试车间，机器人零部件被迅速地组装为模块，再变身为具有专业用途的工业机器人。

如今，该基地在孵企业市场估值超百亿元，从家用机器人到工业机器人、从核心零部件到集成均有覆盖，孵化成功率近80%。

百济神州广州生物药项目工地上机器轰鸣，正在为一期工程在2019年四季度建成投产而努力。该公司专注于分子靶向和免疫肿瘤疗法的研发，计划建成2.4万升商业规模的生物制剂生产设施。

“我们在北京、上海、广州、苏州等地都有分支机构，广州机构主要负责生产原液和商业运营，研发功能也将逐步落户广州。”百济神州副总裁高伟表示，将加大在新工艺开发、流程优化等方面的投入，扎根并深耕粤港澳大湾区。

从芯片到机器人，从生物医药到超级计算机，产业新风口的加速成型，多个先进制造业产业集群的涌现，正在成为粤港澳大湾区产业结构优化升级的强劲动力。

活力

从精简政策到主动服务　营商环境位居全国前列

在琶洲人工智能与数字经济试验区，一本印有“海珠创新岛十八条”的本子引起人们的关注。通过将烦琐的产业政策精简为18条，建立重点突出、简洁明了的扶持政策，力求看得懂、记得住、易传播。

琶洲已成为不少企业眼中的香饽饽，引入了腾讯、阿里巴巴、唯品会、复星、小米、科大讯飞等一大批人工智能与数字经济龙头产业项目。

腾讯微信广州项目负责人胡先生对这里的营商环境印象深刻。

随着业务发展，微信团队需要拍地建总部大楼，但要找到合适的地块谈何容易！海珠区招商部门“闻”到了这一线索，带着胡先生在海珠区各个留用地到处奔波，还主动为他联系多个职能部门，光是土地结案和勘测定界，就跑了不下十次。眼下，微信总部大楼正在如火如荼建设当中，到2020年前后，微信团队就会搬到琶洲，并成为腾讯移动互联网创新产业基地。

距离琶洲40分钟车程的南沙，同样是吸引企业入驻的热土。

“在这里开办、注册一家企业需要多长时间？”在南沙明珠湾开发展览中心，采访团记者发问。“南沙新区在广州市率先上线‘人工智能+’商事登记系统，实现新办企业营业执照、刻章备案、发票申领等事项一天办结，

□ 琶洲人工智能与数字经济试验区（张梓望　董天健　姚志豪 摄）

银行开户两天办结，开办企业环节可比肩全球效率最高的国家和地区。”

营商环境的全面提升，正在成为吸引优质企业入驻的最好招牌。

中山大学《深化商事制度改革研究》课题组发布研究成果显示，广东营商环境位列全国第二名，其中广东市场主体登记注册所需时间，从2014年商事制度改革前的9.4天，下降至2018年的2.7天，处于全国最佳。

持续优化的营商环境让各种经济要素充分涌流，更加高效、高质的创新服务，让粤港澳大湾区的活力内核愈发变得活跃和茁壮。

潜力

城市群优势互补　创新人才纷至沓来

通过港珠澳大桥，记者仅用了40多分钟就从香港来到澳门——在港珠澳大桥开通前，整个车程需要3个多小时。

而站在深中通道中山登陆点的平台极目远眺，两座临时搭建的工程引桥在水天交界处会合，勾勒出深中通道桥梁部分飞架江面的清晰轨迹。深中通道管理中心相关负责人介绍，整个工程预计于2024年建成投用，届时深中通道将成为广东自由贸易试验区、粤港澳大湾区的交通纽带。

更加便捷的现代交通，背后是要素流动的加速度。

霍英东集团主席霍震霆深有感触地说："我多么希望自己能变成年轻人，搭上国家和粤港澳大湾区发展的快车。"

如今，霍英东集团正在南沙规划创业创意园，吸引港澳和海外年轻人到这里发展，打造粤港澳大湾区富有竞争力的区域。

"粤港澳大湾区建设引起了世界关注，也让澳门为之振奋。"澳门特别行政区政策研究和区域发展局局长米健认为，澳门将发挥4间国家重点实验室的作用，结合内地生产能力和庞大市场的优势，将研究成果市场化，促进粤港澳大湾区科技产业高水平发展。

在中山，22岁的叶枝茂正在易创空间创业孵化基地与哥哥商量着拓展香港市场的计划。在他的隔壁，澳门籍青年谢嘉荣创办的中山市羲和科技有限公司不仅成功与新加坡企业签订了多个项目合作合同，还在北京成立了分公司。

"期待大湾区城市有更多青年创新创业基地和优惠政策。"香港特别行政区政府政制及内地事务局局长聂德权表示，前不久，广东珠三角地区已有10个青年创新创业基地正式授牌，成为香港年轻人创新创业基地，吸引香港青年到内地创新创业。

在东莞，中国科学院高能物理研究所与香港城市大学共同成立了"中子散射科学技术联合实验室"，将大力推动中国散裂中子源与香港科学家的合作，培育更多中子散射研究人才。

数据显示，2018年，广东常住人口新增177万，连续第四年达到百万级。更快速的创新要素流动，更多的人力、人才涌入，为粤港澳大湾区建设带来巨大潜力。

行进在粤港澳大湾区，一幅蹄疾步稳、提质增效的经济新图景在人们眼前徐徐展开。一个动力澎湃、活力四射的新引擎正在加速启动。

（王彪　郑佳欣　曹斯）

沪深上市粤企总市值超10万亿元

15家粤企科创板上市申请被受理

记者从广东省地方金融监管局获悉，近年来，广东省利用资本市场促进创新驱动发展成效显著，全省目前在沪深交易所上市的企业有近600家，上市公司总市值超过10万亿元。近5年来，全省新增的上市公司中，有近70%为战略性新兴行业企业。为了助攻高新企业登陆科创板，省地方金融监管局将牵头建立完善长效工作机制，协调各方形成合力，培育挖掘科创板上市后备企业，推动更多优质科技企业登陆科创板。

2019年5月17日，广东省科创板上市后备企业第二期培训班在广东大厦举行。记者在培训会现场看到，几百平方米的会议大厅里，坐满了来自全省各地的109家科创板上市后备企业代表。“我们希望获得更多的科创板上市信息。”一位专程从梅州赶来的科创板后备企业负责人对记者表示，培训班有效地帮助企业更好“吃透”政策。

根据公开资料，目前上交所共受理110家企业科创板上市申请，其中15家企业来自广东。“创业板开设时，广东企业迎来了一波上市高潮，期盼科创板的开设也能让广东企业再次迎来上市高潮。”广东证监局相关负责人表示，除已申报的15家科创板受理企业外，还有广州、东莞、珠海、佛山、江门等市19家企业有申报意向。

据悉，广东省共有国家级高新技术企业超过4.5万家，科创板上市工作具有独特优势和深厚基础。

记者从广东省金融局获悉，近年来，广东省利用资本市场促进创新驱动发展成效显著，全省目前在沪深交易所上市的企业有近600家，上市公司总市值超过10万亿元。近5年来，全省新增的上市公司中，有近70%为战略性新兴行业企业，首发募集资金中，有近60%流入战略性新兴行业。

（陈颖　黎华联）

珠三角九市商事纠纷“掌上”调解

广东再复制推广20项自贸区改革创新经验

广东再复制推广20项自贸区改革创新经验。2019年5月23日，广东省政府官网发布关于复制推广中国（广东）自由贸易试验区第五批改革创新经验的通知。根据通知，在省有关单位和广州、深圳、珠海市政府积极推动下，中国（广东）自由贸易试验区在投资便利化、贸易便利化、政府职能转变、法治建设等领域总结形成了可复制推广的第五批共20项改革创新经验。

助力打造法治化营商环境

通知显示，在第五批可复制推广的改革创新经验中，10项改革事项将在全省范围内复制推广。

在投资便利化领域，将复制推广邮政部门代开发票、创建自然人一人式税务档案2项改革事项；在贸易便利化领域，将复制推广“互联网+海关”功能拓展、海运进出口集装箱快速验放、优化船舶燃油硫含量检测机制、超大型邮轮及集装箱船进出港口绿色通道制度、推进边检行政许可标准化建设共5项改革事项；在转变政府职能领域，将复制推广“零跑动”政务服务模式、知识产权快速维权平台共2项改革事项；在法治建设领域，将推广涉港澳纠纷法律查明实施平台。

其中，对“零跑动”服务事项，实行申请人通过政务服务网进行网上申办模式，有关部门在网上审批，办结后签发电子证照或者包邮的纸质证照，全程不需要申请人跑窗口或找部门。对“零跑动”以外的事项通过网上咨询、网上申请、网上预审、一次性告知补正材料等方式，实现受理前“零跑动”。

打造法治化营商环境，是粤港澳大湾区建设的重要内容。本次向全省推广的改革事项便包括涉港澳纠纷法律查明实施平台。这是在涉港澳案件审理中，基于当事人申请或依职权需要查明法律、事实的，委托仲裁机构或法律查明机构开展查明工作。查明法律的范围主要包括港澳地区的“成文法”、权威判例、惯例等具有约束力的规范性文件或具有适用效力的裁判规则。

4年形成456项制度创新成果

根据通知，10项改革事项将在全省相关范围内复制推广。

在全省除深圳市以外的地区复制推广1项，即不动产登记业务便民模式；在珠三角九市复制推广5项，包括以“三维地籍”为核心的土地立体化管理模式、商事纠纷“掌上”调解服务、互联网电子证据规则、涉港澳商事案件属实申述规则、进出口贸易环节知识产权司法与行政协同保护新模式。

在全省海关特殊监管区域复制推广2项，包括在海关特殊监管区域内建设全球中心仓、跨境电商货物“先放行入区、后理货确认”；在广州、深圳、珠海市复制推广2项，包括“一企一策”监管模式、网络身份核验。

其中，网络身份核验将在广州、深圳、珠海推广。即通过网络身份认证应用体系，实现网上身份认证，将传统需在前台出示身份证办理的政务业务搬到线上，通过手机“刷脸+刷证”在线办理。同时，在手机端提供国家法定证件身份认证服务，用户可在微信卡包中查看和使用“身份证网证”。

珠三角九市还将复制推广商事纠纷“掌上”调解服务，打造商事纠纷多元调解平台APP。申请人在APP上实名认证后提交调解申请及各类证据，申请成功后各方可约定时间进行远程多方视频在线商事调解。

广东自贸试验区挂牌4年来，已形成了456项制度创新成果。此前已分4批向全省复制推广了102项改革创新经验，累计发布92个创新案例。

（昌道励）

发展快　质量高　效益好

前海蛇口自贸片区累计制度创新成果442项

在第八届中国（广州）国际金融交易·博览会（简称“金交会”）举行前夕，在广东省地方金融监督管理局的指导下，2019年5月23日，金交会媒体团走进深圳前海，实地深入调研前海金融改革创新成果。深圳市前海深港现代服务业合作区管理局、前海金融控股有限公司、前海联合交易中心有限公司等相关负责人员参加座谈会并介绍推进金融创新发展的主要经验做法及成果。

前海蛇口自贸片区已经成为我国发展最快、质量最高、效益最好的区域之一。2018年，前海蛇口自贸片区注册企业增加值增长25.6%；实现税收收入增长30.3%；固定资产投资增长8%；实际利用外资45.08亿美元，增长1.3%。2019年一季度，前海蛇口自贸片区注册企业增加值增速为31.7%，实现税收收入同比增长23.9%；完成全社会固定资产投资增长18%；实际利用外资6.19亿美元，增长107.3%。

记者在走访中获悉，2018年，片区共推出95项制度创新成果，2019年1—3月新推出28项。前海蛇口自贸片区挂牌以来，累计制度创新成果数达到442项，其中43项在全国复制推广，15项标志性成果被国务院自贸试验区工作部际联席会议简报刊载，69项在全省复制推广，79项在全市复制推广。如在投资便利化方面，推出优化营商环境“32条”举措，打造外商投资“一口受理”升级版；在贸易便利化方面，建设“离港空运服务中心”，打造“全球揽货—前海集聚—机场直飞”进出口贸易生态圈；在事中事后监管方面，建立以信用为基础的市场监管与服务机制，推出“守信激励”创新产品与服务；在法治建设方面，打造“一带一路”混业法律服务新模式，首创跨境公证法律服务；在人才创新方面，实现港澳居民在前海工作免办就业证，港澳居民在前海缴存住房公积金。

2018年，中山大学评估结果显示，前海蛇口自贸片区制度创新总指数在全国自贸片区中排名第一；海关总署广东分署评估显示，前海蛇口贸易便利化水平位居全省自贸片区前列。

（张俊）

“智造”变革新场景 民企迸发新活力

广东民营经济贡献了全省65％的发明专利、70％的创新成果

中国经济“大海”，广东“活鱼”游弋。

在广东，民营经济贡献了全省50％的地区生产总值、60％的投资、70％的创新成果、80％的新增就业和95％的市场主体。

连日来，记者探访广东多地民营企业，深入工厂、车间、实验室一线，感受经济发展背后的一次次鲜活脉动。

生产车间里，“车间大脑”的精确控制被推向极致，昊志机电用5G技术取代Wi-Fi网络，连接更快、范围更广、效率更高。

智能工厂中，一项又一项新的场景应用正在诞生，五株科技的手机电路板有了自己的大数据“身份证”，劲胜智能的流水线工人成了研发工程师。

创新实验室内，默默耕耘的科学家迎来收获，禾信仪器耗时13年研发出破解空气污染监测难题的质谱仪，博智林“机器人建房子”的希望或将成为现实……

1143万多家民营企业中，时时有活力，处处有创新。

信心来自发展。“订单增加了，我们信心满满！2019年内还将向智能化改造投入更多。”五株科技行政总裁曾国权满怀激情。

底气来自创新。“打开国际市场，我们不靠低价，而是靠技术创新。”禾信仪器董事会秘书柳瑞春很自豪，公司自主研发的质谱仪器卖出了同类国产产品的“最高价”。

民营企业的创新变革，正催生经济新动力。2019年第一季度，广东民营经济实现增加值1.27万亿元，增长7.8%，比全省地区生产总值增速高1.2个百分点。

广州

站上技术新风口

地点：昊志机电股份有限公司生产车间

主角：5G技术

变革：智能生产以前靠Wi-Fi，现在靠5G

明亮宽敞的生产车间内，昊志机电正加快建设5G全自动智能生产线。

AGV小车在铺设有引导线的道路上匀速前进，将材料元器件运到特定机床。机器臂准确抓起材料放入机床生产单元中研磨后，又将成品放回AGV小车，由小车继续运往下一道工序，或是直接进入存料仓库……

“以前靠Wi-Fi，现在靠5G。”昊志机电技术总监田胜说，前沿的5G技术取代了过去的大面积Wi-Fi，维持车间生产所需的各类信号。

田胜说，5G技术广连接、高带宽、低时延、计算量大，将“车间大脑”的精确控制推向极致。

车间内，28组自动化生产单元在“车间大脑”MES系统指挥下，一步步完成CAD制图、计划设置、任务下达、材料配送、加工执行、产品配送、设备状态反馈保养等各环节，井然有序。

地点：禾信仪器股份有限公司质谱仪研发实验室

主角：在线单颗粒气溶胶质谱仪

变革：检测空气污染源，从半年到半小时

肉眼看不见的空气从一台在线单颗粒气溶胶质谱仪穿过，短短半小时，污染源已被“抓”了出来：重金属、多种有机物、各类颗粒……屏幕

□ 周振是广州首批两名国家“千人计划”专家之一，也是上市企业禾信仪器的老板（王辉 摄）

上的名称和数字飞快闪现，标记出空气中PM2.5的不同成分。

“这台质谱仪破解了空气污染治理的世界性难题。”广州禾信仪器股份有限公司董事长、首席科学家周振高兴地说，“在这之前，要找到PM2.5的污染源，不仅要花数百万元，还要等上半年。”

它凝聚了周振和80位同伴整整13年的心血。13年间，禾信仪器投入质谱仪研发的费用占其营业额的36%。如今，该设备打破了国外技术封锁，填补了国内质谱领域空白，并出口土耳其。

高技术带来高附加值。“打开国际市场，我们不靠低价，而是靠技术创新。”禾信仪器董事会秘书柳瑞春说。该公司自主研发的质谱仪器平均单价接近400万元，最贵的卖到500多万元，创下国产质谱仪最高价。

地点：瑞松科技股份有限公司办公楼

主角：工业机器人

变革：机器人产业，从“有”到“用”

瑞松科技公司大楼里，董事长孙志强身穿与车间工人一样的蓝色工装，兴奋地展示公司的新成果、新设想——机器人智能焊接技术，其已广泛应用于汽车生产，正向3C领域“试水”；未来，这一技术还有望应用于更多新材料领域，服务航空航天、医疗器械、海洋工程、新能源汽车等产业发展。

“机器人产业链中，生产制造只占30%，其余70%在于系统集成开发、核心零部件研发、用户需求解析等领域。这是我们最关注的市场。”孙志强说，工业机器人主体的生产制造，只解决了“有”，系统集成开发则解决了“用”。

2018年年底，瑞松科技牵头成立广东省机器人创新中心，工业机器人正向全省制造业各领域各环节普及渗透，加速制造业智能化发展。“机器人系统集成和场景应用方面，一些中国企业、广东企业已经走在了前面。”孙志强认为。

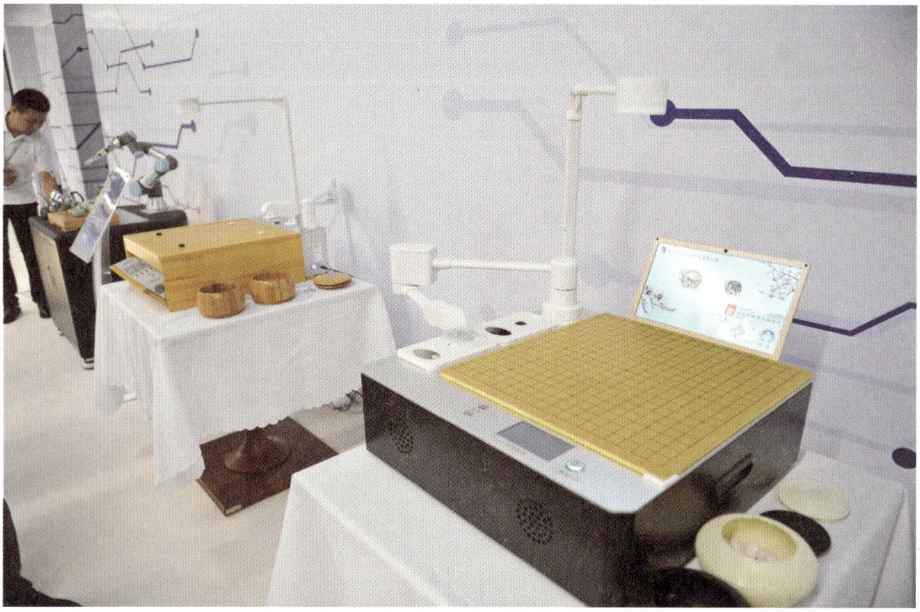

□ 下棋机器人利用视觉识别以及Alphazero人工智能算法技术实现围棋、五子棋的下棋功能（戴嘉信 摄）

佛山

传统制造业焕新颜

地点：新明珠陶瓷集团禄步工厂

主角：智能工厂

变革：“蓝领”变“白领”

走进佛山新明珠陶瓷集团禄步工厂，瓷砖生产焕然一新，颠覆了过去的刻板印象。长达数百米的车间生产线里，瓷砖顺着传送带缓缓向前移动，自动下砖机精确而高效地把瓷砖卸下，接着，自动叉车在激光导航的指引下把瓷砖运至自动化立体仓储。过去弥漫的噪音和粉尘，如今不复存在。

这是国内建陶行业首个绿色智能制造示范基地。“工人可以穿着西装、打着领带上班，‘蓝领’变‘白领’。”新明珠陶瓷集团董事长叶德林这样形容。

这个绿色智能工厂内，技术人员用电脑监控生产流程，每条生产线现场操作人员从200多人减至50多人。“我们还建立了比欧标、国标更为严格的内控标准，有整套生产过程品质控制体系，对100多道工序均设立了监控点。”该集团品牌管理部经理罗顺玲说。

工人更轻松了，但产品品质更好了，优良率从92%提高到96%以上。

凭借智能工厂，新明珠陶瓷集团创造了多项行业第一：陶瓷行业第一家自主研发、生产全工艺大薄板；第一家引进可实现20个通道同时运作的数码喷墨系统；第一家使用利用余热制冷的250匹中央空调系统；第一家采用WMS智能立体13层成品仓储系统，比传统仓储方式占地面积减少70%以上；第一家使用3吨激光导航大吨位智能无人叉车……

地点：博智林实验中心

主角：建筑机器人

变革：用机器人建房子

顺德区北滘镇机器人谷的博智林实验中心内，三台机器人正协作开展地砖铺贴工作，一台做砂浆黏合剂的铺贴，一台忙于运送物料，还有一台在铺贴地砖。

博智林希望广泛应用建筑机器人，减轻目前建筑工人的繁重劳动，降低建筑风险。

该公司相关负责人介绍，目前实现了喷涂、抹平、铝模安装、地砖铺贴等工作均可用建筑机器人操作，通过导航、电脑编程和红外线激光，能视觉监测到高低，“用它们来补砂浆，误差不超过3毫米”。

目前，博智林公司一面开发建筑机器人，预计2019年底达到初步目标。另一方面，该公司还在大力研发建设机器人餐厅，预计2019年将在广州、香港试点。

□ 博智林实验中心的双臂机器人可以实现烧水、洗杯、泡茶等过程（戴嘉信 摄）

东莞

车间迎来“智造”变革

地点：五株科技公司电路板生产车间

主角：电路板“身份证”

变革：精准回溯每块电路板信息

走进五株科技公司电路板生产车间，映入眼帘的是20多台高速运转的智能设备，机械手正一刻不停地打磨钻针……目前全球15%的手机电路板，就来自这里。

最近，这里每一块电路板都领到了独一无二的“二维码身份证”。“‘身份证’记载着制造、出厂、销售、售后服务的全部信息，为产品的全流程生产销售提供了有效的数据支撑。若出现不良品，我们可以立刻精准回溯，提供解决办法。”该公司行政总裁曾国权介绍，这张小小的“身

□ 东莞五株科技的手机HDI电路板生产车间，一排排自动化设备运行生产，只需要几名技术工人负责（孙俊杰 摄）

份证”解决了长期困扰手机行业的一大“烦恼”。

“2019年，公司还加大了对自动化、智能化改造升级的投入。”曾国权说，信息化“大脑”革新了企业管理模式，工业互联网扎进了工厂深处。通过自动化改造，五株科技产值提升了30%。

地点：劲胜智能公司打磨车间

主角：“85后”工程师

变革：流水线工人成了研发工程师

劲胜智能公司的打磨车间里，“85后”工程师李勇军拿着平板电脑一边遥控六轴机器人，一边查看中央系统收集的生产数据，为机器人指令的编写做决策参考。

从流水线普工转型成研发工程师，李勇军用了4年，现在他还是劲胜精密智能工厂营运部CNC领班。“现在的编程研发工作颇具挑战性，每次

□ 劲胜智能的技术人员正在调试机械手（孙俊杰 摄）

想到自己的‘新作品’在运行，都会兴奋到睡不着。”李勇军说。

李勇军仅是劲胜智能公司最普通的“转型者”之一。抓住转型升级的机遇，劲胜智能不仅扭亏为盈，产值还跃升至70亿元。

如今在这里，钻削加工中心不停闪烁绿色信号灯，自由翻转的机械手、AGV小车日夜运作，一个工人就能操作一条生产线。

数读广东民营经济

●2018年，广东民营经济“成绩单”靓丽：

◎民营经济贡献了全省50%以上的地区生产总值、60%左右的投资、70%的创新成果、80%以上的新增就业和95%以上的市场主体

◎民营经济实现增加值5.26万亿元，增长7.3%，占全省地区生产总值比重达54.1%

◎65%发明专利、75%以上技术创新成果来自民营企业，80%以上新产品由民营企业开发

●2019年第一季度，广东民营经济加快发展：

◎民营经济实现增加值1.27万亿元，增长7.8%，较全省地区生产总值增速高1.2个百分点

◎规上民营工业企业增加值增长11.5%，较全省规上工业增速高5个百分点

◎民营经济单位数增长10.8%，其中私营企业增长15.7%

●广东为民营企业减负：

◎自广东“实体经济十条”实施起至2019年一季度，累计为企业降低成本约1746亿元

◎2018年，全省新增减税降费约1600亿元

（陈晓　苏力　陈思勤　叶永茵　孙景锋　罗湛贤　叶洁纯）

广东自贸试验区迸发改革创新加速度

自贸区4年诞生456项制度创新成果

林女士在网上提交了“一证两书”，约两小时后，她就在广东自贸试验区横琴片区的政务服务窗口领到了施工许可证，这一幕让她很是感慨。

在广东自贸试验区，改革探索不止步、跑出创新加速度的场景随处可见：外资企业创办方便快捷、知识产权纠纷调解2小时搞定、国际资本投资及项目快速对接、港澳创业项目成长迅速……

近日，广东自贸试验区第五批改革创新经验又将复制推广。挂牌4年来，广东自贸试验区已形成456项制度创新成果，推出大量对外开放新举措，为广东经济发展带来源源不断的动力。

南沙片区涉外综合服务平台

各类政务服务可“一站式”完成

“难以置信，有专门服务外国人的窗口，最不可思议的是，一周内就受理了我的申请，而且很快拿到了工商营业执照。”在广东自贸试验区南沙片区“一带一路、粤港澳大湾区、国际营商通”涉外综合服务平台（以下简称“服务平台”），回忆起两年前的事情，来自智利圣地亚哥的小伙Ben仍很激动。

Ben是广州新势力教育咨询有限公司的创始人，他说，以前办理业务要耗费一整天时间，不同业务要在各个部门间往返跑，还经常因为语言不通耽误业务办理。现在，一个柜台就能办理多个部门业务，还有外语专员接待，既贴心又高效。

服务平台是广东自贸试验区创建国际化人才特区，打造高水平对外开放门户枢纽的创新举措。这里可为境外人员解答居住、创业、就业、科研、投资等方面的疑问，还可提供各类政务服务事项咨询、填表指引、业务受理等“一站式”服务。

自挂牌以来，广东自贸试验区已成为我国开放程度最高的地区。目前，这里已累计新设企业26万家，外资企业1.7万家，实际利用外资196亿美元。广东自贸试验区以占全省万分之六的国土面积，实现了全省13%的进出口、17%的新设外资企业和26%的实际利用外资。

知识产权纠纷调处中心

一宗侵权纠纷2小时处理好

“没想到这么快就把问题解决了！”参与调解的美国金霸王营运有限公司委托代理人王律师频频点赞。

日前，广东自贸试验区南沙片区法院驻口岸知识产权纠纷调处中心首次对一宗侵犯商标权纠纷进行调解，2小时即告成功。

□ 前海基金小镇（鲁力 摄）

而这只是广东自贸试验区创新知识产权保护体系的缩影。目前，横琴片区已设立知识产权快速维权援助中心，前海片区已设立深圳市知识产权保护中心。

知识产权保护是打造国际化市场化法治化营商环境的重要支撑。首次

发布的广东自贸试验区《2019营商环境报告》显示，广东自贸试验区不断开展制度创新与流程优化，持续推进营商环境建设与改革，取得了明显成效。经测算，其营商环境便利度分数为77.31，在全球模拟排名中居第32位。

深圳前海基金小镇

一季度海外交流会就有3场

在深圳市前海深港基金小镇路演中心，以色列SESAME创始人Rowee带着针对残疾人群开发的世界首款完全免触摸的智能手机和平板电脑做项目推介，一同到来的还有另外9个以色列创新团队。

这样的海外交流会，仅2019年第一季就举办了三场。除以色列专场，还有德国、柬埔寨的合作对接会。作为广东自贸试验区的一部分，前海片区在金融改革创新方面肩负着先行先试的使命。截至2018年底，前海除了有239家持牌金融机构，还集聚了地方监管的“7+4”类金融机构上万家。

广东自贸试验区挂牌4周年发布的前海跨境金融指数显示，其指数位为5557.03，同比增长6.94%。这项重点测评金融业对经济贡献度、金融创新和金融开放水平的跨境金融指数也显示出，前海金融业正保持着良好增长态势。

2019年，广东自贸试验区首次发布金融服务业对外开放指引，列明了

□ 珠海横琴自贸片区（王荣 摄）

14类金融类企业的股东机构类型要求等67条管理措施，进一步促进广东自贸试验区金融服务对外开放。

前海深港青年梦工场

累计孵化创业团队356家

在前海片区，2016年入驻前海深港青年梦工场的香港创业青年郭玮强和林恒一已是这里的“老面孔”。

郭玮强是前海随身宝科技公司创始人，这名“90后”创业者2018年已带领团队完成两轮融资，项目估值逾1亿元。林恒一则成立了深圳凝方科技有限公司，从此开始了“双城生活”。

“在前海梦工场，我们团队享受到包括办公室优惠、企业和个人税收优惠、核心成员的住房保障等。”郭玮强说。

开园4年多来，这里已累计孵化创业团队356家，其中港澳台及国际团队176家。截至2018年底，前海已累计注册港企总数突破1万家、注册资本突破1万亿元，已成为粤港澳合作最紧密、最成功的区域之一。

广东自贸试验区毗邻港澳，当前，正在建设粤港澳大湾区合作示范区。目前，在对港澳服务业方面，已推动CEPA补充协议新增10条专门适用于广东自贸试验区的开放措施。在要素融合互通方面，粤港澳游艇“自由行”、Wi-Fi认证数据“深港通”、横琴与澳门24小时通关、澳门单牌车便利进出横琴政策已落地实施。

如今，放眼整个广东自贸试验区，粤港澳深度合作成效明显。目前，南沙粤港深度合作区、前海香港优势产业基地、横琴粤澳合作产业园等加快建设，粤港澳青年创业园合计入驻港澳青年创业团队超过400家。

（吕道励　张玮　宾红霞　梁涵）

广东制造业减税居各行业首位

深化增值税改革实施首月减税规模即超百亿

2019年6月5日，记者从广东省人民政府减税降费新闻发布会上获悉，2019年1—4月广东新增减税672.7亿元。其中，制造业减税居各行业首位。而作为广东省制造业的重要领域，装备制造业在深化增值税改革中的减税效应最为突出。

据国家税务总局广东省税务局副局长陈忠明介绍，2019年1—4月广东新增减税主要由三部分构成：

——2019年新出台的减税政策新增减税241.4亿元。包括，深化增值税改革及其随增值税附征的城市维护建设税等合计新增减税145亿元；小微企业普惠性政策新增减税65.8亿元；个人所得税专项附加扣除新增减税

30.6亿元。

——2018年实施、2019年翘尾的减税政策新增减税428亿元。

——2018年到期后2019年延续实施的减税政策新增减税3.3亿元。

其中，深化增值税改革自4月1日起实施，实施首月减税规模即超百亿元，带来三大积极效应：

——减税力度大。改革政策落地首月广东省增值税减征税额达130亿元，减税幅度达到27.3%。

——政策导向强。改革实施首月广东省制造业减征增值税61.4亿元，占总体减征增值税金额的比例达47.2%，居所有行业首位。特别是通用设备制造业、专用设备制造业等8个装备制造明细行业共减征增值税29.1亿元，占制造业减征增值税总额的47.4%；其中，计算机、通信和其他电子设备制造业减征增值税9.9亿元，汽车制造业减征增值税6.3亿元，是减税效应最为显著的两个行业。

——政策配套措施效果好。适用6%税率的生产、生活性服务业，虽然此次改革税率保持不变，但受益于国内旅客运输服务纳入抵扣、加计抵减等配套措施，均实现减税。生产、生活性服务业共减征增值税8.7亿元。

值得注意的是，广东省把减税大礼包送到企业群众手上的同时，以政府过“紧日子”换企业过“好日子”，坚持开源节流，做好财政平衡保障。据广东省财政厅总会计师钟炜透露，广东省多渠道筹措资金弥补减收，将国有企业收益上缴财政比例提至30%；大力压减一般性支出，省级一般性支出按5%的比例统一压减，“三公”经费比上年下降10.7%；保障重点支出需要，硬化预算执行约束，深化预算编制执行监督管理改革，加强财政运行监控分析。

“2019年减税降费政策覆盖广、措施力度大，有力扶持实体经济、民营企业发展，在外部经济环境总体趋紧，经济存在下行压力的情况下，稳定了市场信心，进一步为经济发展积蓄新动能。”广东省工商联秘书长李汉峰说。截至2019年5月，广东省正常税务登记户数同比增长11.5%。2019年1—4月，广东省规模以上民营工业企业增加值同比增长8.6%。

（肖文舸　黄叙浩）

5G大规模商用即将开启　广东拟打造万亿级5G产业集聚区

2022年粤5G用户预计达4000万

自2018年年底中央经济工作会议提出“加快5G商用步伐”，到6月6日商用牌照的正式发放，5G大规模商用的起跑枪打响。

而不久前，《广东省加快5G产业发展行动计划（2019—2022年）》的出台，也对推动5G产业发展、培育新的经济增长点提出了明确的任务单和时间表——围绕5G网络建设、5G技术创新、5G产业发展、5G应用示范等四个方面提出了17项重点任务。

预计到2020年底，珠三角中心城区5G网络基本实现连续覆盖和商用，5G产值超3000亿元。到2022年底，珠三角建成5G宽带城市群、粤东粤西粤北主要城区实现5G网络连续覆盖，形成万亿级5G产业集聚区，5G关键技术自主创新能力迈入世界前列。

“如果说4G更多应用在消费互联网领域的话，那么5G将推动万物互联。”中国信息通信研究院副院长王志勤说。

率先行动

珠三角已建成5G试验站点超1500个

得益于多年来的厚积薄发与开放合作，我国5G具备竞争优势，巨大的移动通信市场也带动了产业的整体发展。

作为全国的网络大省、信息通信业大省，广东在5G这条赛道上具有良好基础。截至2018年底，全省电话用户达1.9亿户，约占全国11%，移动基站达65.1万个，其中4G基站35.4万个。电话用户数、移动基站数和4G基站数均排名全国第一。

□ 2019年6月24日，粤港澳大湾区首个5G智慧港口建设正式启动（鲁力 摄）

目前，广东已出台《广东省5G基站和智慧杆建设计划（2019—2022年）》，明确21个地级以上市的5G基站和智慧杆建设任务。截至2019年4月底，珠三角已建成超过1500个5G试验站点。2019年，广州市将建设基站1万座，深圳市将建设8500座5G基站。

面对5G基站站点分散、数量众多的挑战，广东已率先行动——2019年3月，广东铁塔牵头成立全国首个智慧杆产业联盟，力争在2019年底前完成项目试点，并形成规模应用。批量储备5G站址资源，推动5G网络规模化建设。

据透露，预计到2020年年底，珠三角中心城区5G网络基本实现连续覆盖和商用，全省5G基站达6万座；到2022年年底，珠三角建成5G宽带城市群，粤东粤西粤北主要城区实现5G网络连续覆盖，全省5G基站达17万座，全省5G用户数达4000万。

产业布局

2020年底全省5G产值预计超3000亿元

一幅完备的5G产业链图景已在广东展开。5G网络主设备方面，粤企全国市场占有率近八成。5G芯片模组、5G天线、5G光芯片、光模块领域，广东企业处于国内领先地位。手机终端上，广东品牌手机出货量位居全球前列。

随着牌照发放、商用发力，广东目标到2020年底，全省5G产值超3000亿元；到2022年底，5G产值超万亿元，形成世界级5G产业集聚区，努力实现5G产业发展走在全国前列。

广东提出5项发展措施，首先是加大核心技术创新，大力突破5G关键核心技术。同时，组建高水平5G重点实验室、建设5G融合应用技术创新中心和成果转化基地（中心），引进5G高端人才；出台产业扶持政策，培育壮大5G骨干企业，省、市共建8个省级5G产业园区；还将大力发展5G高端产品，加快建设5G产品技术验证等公共平台。

“下一步，我省将以5G网络建设带动规模化商用，形成5G网络、技术、产品与应用深度融合、滚动发展的5G产业生态，打造具有国际竞争力的5G产

□ 超高清视频（4K/8K）成果展上，观众进行5G赛事体验（肖雄　姚志豪 摄）

业集聚区，培育形成超万亿元5G产业，促进全省经济高质量发展。”省工信厅有关负责人说。

未来已来

探索基于5G的工业应用场景

此前，我国已在多地开展5G规模测试和业务示范，为商用打下了坚实的基础。5G示范应用正在广东各行各业有序推进——

广州白云机场成为全球首个基于3.5GHz频段5G网络覆盖的机场；广州越秀区广府庙会民俗文化巡演通过5G+VR实景互动，实现现代科技与传统文化

□ 位于越秀区环市东路市政中环大厦的华为越秀ICT联合创新中心展示最先进的设备（梁文祥 摄）

的融合；深圳前海成为国内首个5G网络全区域覆盖的自贸片区；深圳市公安局宝安分局下辖塘头派出所打造全国首个基于5G的“智慧派出所”。

2019年底，珠三角各地市计划建成至少一个5G应用示范场景。到2020年底，广东5G示范应用超过30个；到2022年底，5G示范应用超过100个，形成全国5G融合应用示范区。

具体来看，广东将在5G+智能制造、智慧农业、4K/8K超高清视频、智慧教育、智慧医疗、智能交通、智慧政务、智慧城市8大重点领域开展一批试点示范建设。

“5G的3大应用场景——增强型无线宽带（eMBB）、超可靠低延迟通信（URLLC）、大规模机器通信（mMTC），决定了5G未来主要的应用场景将是‘万物互联’。”业内人士表示，随着5G商用牌照的发放，我国将迎来大规模建网，对5G产业发展，特别是工业领域的应用，起到巨大促进作用。

据透露，广东将支持通信运营商以及工业数字化领域服务商，会同制造业企业，在具备条件的产业园区（龙头企业园区），共同探索基于5G的工业应用场景，形成示范效应后逐步推广；制定5G全产业链企业目录，加强5G产业重大制造业项目的跟踪服务。

【机遇】

粤5G产业发展迎来哪些革新？

◎网络覆盖启动新模式

按照《广东省加快5G产业发展行动计划（2019—2022年）》，到2022年年底，全省5G基站累计达17万座，这个量级远非4G时代的基站建设数量和速度能比。

广东铁塔相关负责人向记者表示，5G时代，用于保障5G信号、形成网络的5G基站，形态是多样的，“既有平时大家所熟悉的户外铁塔，又有置于室内的看起来像小音箱一样的基站，更有融合了充电、照明、监控等功能于一体的智慧杆。”

广东电信技术人员向记者表示，5G依靠超密集组网，5G小基站站距仅为50—100米，站址数量将为4G网络的数倍，5G网络的建设短期内需要投入较高成本。有研究预测，我国5G累计投资将达2.3万亿元，约是4G的4倍。

有人把5G网络建设称为“新基建”，对此，广东省通信管理局局长苏少林表示，只有积极创新尝试、探索新的渠道方式，才能破解“新基建”的难题。“如创新融资模式，可以探索引入社会资本支持5G网络建设；创新建设模式，5G可以利用4G资源进行非独立组网，也可以根据需要进行独立组网。”

◎手机制造开创新格局

中国联通网络技术研究院预测，到2024年，中国5G用户数量将突破10亿户；到2025年国内5G用户渗透率将突破90%。普通消费者成为5G用户，最让他们能够直接感知的，肯定还是5G手机。

中国信通院统计数据显示，2014至2018年间国内4G手机出货量份额已由第一年的37.9%跃升至94.5%，3G手机已经被4G手机完全替代。不过，随着中国5G时代的到来，4G手机将被5G手机慢慢替代，最快在五年内，5G手机可基本取代4G手机的行业地位。

国内首批5G手机将最早于2019年9月上市，华为（华为Mate X，Mate 20 X 以及Mate 30 5G版）、中兴（中兴天机Axon 10 Pro 5G版）、OPPO（OPPO Reno 5G版）、vivo（vivo NEX双屏版）、努比亚（努比亚mini 5G）、一加（一加7 Pro 5G版）将成为绝对主力。

“广东造”手机的理论峰值速度是4G手机的10倍左右。其中，华为Mate 20 X 5G版理论峰值速度可达4.6Gbps；中兴天机Axon 10 Pro 5G版、OPPO Reno 5G版、vivo NEX 5G版等的理论下行峰值速率在2Gbps左右，这意味着，这几台手机要下载一部1G的电影大约只需4秒。

这些手机价格如何？此前，OPPO、vivo等厂商联合中国移动、中国联通等进行了全国首批5G手机测试，部分机型（包含流量套餐）的售价已经初步对外公开，显示均在万元左右，最高的华为Mate 20 X 5G版售价12800元。

看起来是不是很贵？但不要太担心。5G“千元机”并不遥远，而更为重要的是，广东制造的5G手机很可能是5G“千元机”的先行者——此前，华为透露，5G“千元机”最快可于2020年底上市；中兴表示，有望最早于2019年年底到2020年年初推出2000元档位的5G手机。

◎行业应用形成新示范

“5G很有可能引爆车联网和IoT（物联网）。”6月6日，5G商用牌照发放后，小鹏汽车董事长何小鹏说，期待自动驾驶在5G网络下以更高性价比带到我们的出行生活中。

值得注意的是，广东已尝试在5G网速下的自动驾驶。2018年9月，广州自动驾驶系统集成公司文远知行与广州联通携手，完成了全国首个在5G网络下的远程控制应用。“在4G网络下不敢开太快，车速只有5—10公里/小时，因为一旦踩急刹车已经来不及；而5G的时延不到100毫秒，车速可以提高到每小时30—40公里。”文远知行COO张力说。

除了出行的自动驾驶领域，在广州街头，市民们发现新穗巴士807A线路上出现“5G公交”标识，车内多个摄像头、监控电视等设备已更新换代。这是广州第一条5G公交线路；广州白天鹅宾馆与广东电信日前签约共建“5G+4K”酒店；广东移动与省教育厅、广东外语外贸大学、广东工业大学，广东联通与广州中医药大学陆续签约共建5G智慧校园；广州医科大学附属第一医院、广东省人民医院等成功进行了跨省的5G远程手术……

（肖文舸　王彪　姚翀　许隽　郜小平）

第三章 高瞻·专家访谈

商务部原副部长、中国国际经济中心副理事长魏建国：

广东民企自主创新之路走对了，要继续走下去

“改革开放以来，一批广东民营企业走出了一条自主创新的路子。事实证明，这条路走对了，以后还要继续走下去！”商务部原副部长、中国国际经济中心副理事长魏建国接受记者专访时表示。

魏建国认为，广东拥有理念转变快、动能转换强、实体经济基础好、人才科教资源丰富、制度环境优等优势，有望率先打造世界一流标准的营商环境，为民企高质量发展提供“沃土”。尤其是当前粤港澳大湾区发展不断加快，将有效发挥城市群在经贸、科技、金融、文化、教育、人文等方面的互补作用，推动广东民营经济实现新飞跃。

广东要争取率先打造世界一流营商环境

魏建国表示，历史经验证明，建立全面开放的新格局是发展更高层次开放型经济的前提，也是确保我国新时期经济高质量发展的关键之举。当前中国经济由高速增长转向高质量发展阶段，将彻底告别过去单纯依靠规模扩张发展的旧模式，进入更加注重质量和效益、以创新和可持续发展为目标的新阶段。这要求中国实行更高水平的改革开放，来实现质量变革、效率变革和动力变革。

“无论是更高水平的对外开放还是高质量发展，都离不开全球一流的营商环境。”魏建国表示，改革开放以来，每一次改革的鲜明特征都是开放倒逼，哪个地区对外开放做得好，哪里就打下了高质量发展的坚实基础。

在魏建国看来，广东有望率先打造世界一流标准的营商环境，尤其是党的十八大、十九大以来，广东为民营经济发展创造了良好的营商环境，降低企业运营成本，积极帮助企业“走出去”。

历经两次金融危机影响后，广东近年更加坚定发展实体经济、推动产业转型升级、促进新旧动能转换，实体经济和民营经济发展基础较强。

□ 深圳一家科技创新企业的技术人员正在用电子显微镜检查新材料（鲁力 摄）

“现在，广东迎来了最好机遇。民企要继续走自主创新之路，在更多战略性新兴产业领域创新上下功夫。”魏建国说，这是推动经济高质量发展的动力和保障所在，也将给民营企业发展带来重要机遇。

魏建国建议，广东应着力形成“引进来，走出去”最佳、法治化水平最高、知识产权保护好、改革成本和企业运营成本低的全球一流营商环境，从而激发全社会创造力和发展活力，努力实现更高质量、更有效率、更加公平、更可持续的发展。

粤港澳大湾区建设有望推动民营经济新飞跃

“当前粤港澳大湾区发展不断加快，以城市群为核心的湾区经济将推动广东民营经济实现新飞跃。”魏建国认为，粤港澳大湾区不仅可发挥“一国两制”的制度优势，还将发挥城市群在经贸、科技、金融、文化、教育、人文等方面的互补作用，以城市群的形式参与乃至引领中国经济发展。

在他看来，广东拥有粤港澳大湾区的人才优势与科教优势，将为民营企业高质量发展提供重要支撑。未来，广东在吸取港澳人才与科教优势后，必将发展成全国一流的人才高地。“这些人才包括以华为、大疆、华大基因等企业人才为代表的本土优秀人才；以海外归国留学人才为主的高层次人才；世界500强、跨国企业技术高管等外籍高端人才。”

粤港澳大湾区建设，也有望推动广东借鉴港澳和国际优秀经验，不断优化政府服务和制度建设，更好地支持民营企业高质量发展。魏建国认为，长期以来，广东尊重市场、尊重知识、尊重人才、尊重各类企业，为民营企业提供权利平等、机会平等、规则平等的制度环境。同时，近年来广东大力优化营商环境，也将增强民营企业长期稳定发展的信心。

（陈晓　苏力　陈思勤　叶永茵　孙景锋　罗湛贤　叶洁纯）

广东省委党校教授陈鸿宇：

广东民企稳住了，实体经济就稳住了

“2019年以来，广东民营经济亮点频频，核心关键词是创新，是高质量发展。”广东省委党校教授陈鸿宇接受记者专访时表示，从质量变革、效率变革、动力变革这三个高质量发展的内涵来看，广东民营经济发展势头良好。

在陈鸿宇看来，一方面，在代表新动能的战略性新兴产业发展上，越来越多广东民企投身其中，开展技术创新，主动谋求转型。另一方面，在新旧动能转换上，广东民企注重推动传统产业智能化升级，尤其是在电子信息、家电电气、建筑建材、纺织服装、个人消费品等传统产业领域，越来越多民企开展技术创新、业态创新、管理创新、模式创新，弥补竞争力不足的短板，提高产品和服务质量，倒逼产业升级。

“更惊喜的是，创新不但出现在珠三角，还在全省蔚然成风。”陈鸿宇留意到，粤东、粤西、粤北民企创新需求也一样强烈。以汕头市为例，近半年来，该市实力较强的传统产业中，新增了两家工业设计院，对当地传统产业转型、吸引创新人才意义重大。

“民营企业稳住了，广东实体经济就稳住了，中国经济也就稳住了。”陈鸿宇认为，广东民营经济对中国经济的支撑作用，主要体现在创新、规模、开放、就业四个方面。

从创新看，广东创新主力军是民企，华为、美的、TCL、大疆、华大基因、科大讯飞等一大批民企创新带动作用强，具备全国乃至全球影响力；从规模看，广东民企数量多、规模大，占全省地区生产总值比重超过50%，是中国经济发展的一支重要力量；从开放看，广东民企不仅进出口额占全省“半壁江山”，更在建设粤港澳大湾区、推动“一带一路”建设、构建全面对外开放新格局上发挥着重要作用；从就业看，广东民企是吸纳全国劳动力的主阵地，全国各地约2000万人在广东民企就业，对当前

□ 中山30余万家民企发力“科技+”，共建区域科技创新研发中心（叶志文 摄）

全国稳就业工作意义重大。

2018年以来，广东密集出台、落实支持民营企业高质量发展的一系列政策。“真金白银的政策多了，政府服务更好了，‘定心丸’发挥了作用。”陈鸿宇表示，特别是行政、制度、税收、社保等成本下降，有利于政企协力、上下齐心。

陈鸿宇建议，下一步广东还要继续从思想认识、政策落实、服务到位等方面加大力度，支持民营企业高质量发展，“应该统一坚定支持民营企业高质量发展的思想认识，继续落实好近年出台的各项支持民企发展政策，梳理推广对民企发展真正有用的服务举措，压实责任、服务到位，并进一步降低各项成本。”

（陈晓　苏力　陈思勤　叶永茵　孙景锋　罗湛贤　叶洁纯）

中国国际经济交流中心首席研究员张燕生：

广东外贸结构正在持续优化

2019年1—4月，广东外贸进出口总值2.12万亿元人民币，较2018年同期有所增长，占全国比重的22.3%。

“目前广东的外贸形势不错，这是因为过去10多年广东结构调整做得好。”中国国际经济交流中心首席研究员张燕生认为，2008年以来，广东在国际金融危机的形势下，推动“腾笼换鸟”的发展战略，突出结构转换的重要性——经济结构调整的速度越快，包袱就越少，转型的速度就越快。

从数据上看，广东外贸结构正在持续优化。2019年一季度，广东优势产品出口持续增长，集成电路、汽车出口额分别增长84.8%和13.7%。

“结构转换的差异决定了不同地方、不同产业、不同企业的增长态势和竞争态势，对经济发展非常重要。”张燕生说，从本质上来看，结构转换使资源从低生产率部门重新配置到高生产率部门，使经济效率明显提高，从而更好满足人民日益增长的美好生活需要。

广东劳动密集型产品的出口还占有一定比例，但在张燕生看来，劳动密集型产品并非就意味着中低端。他举例说，广东纺织业的污水处理水平更高，模具化水平更高，订单研发水平更高，虽然在海关统计的编码是劳动密集型产品，但实际上已属于中高端产品。

近年来，无论民营企业还是中小企业都在努力提升产品档次，从代工贴牌转向自主创新，从要素投入驱动向生产率提升驱动转变，让制造业从全球价值链的低端进入中高端。张燕生表示，民营经济发展越好，全球经济波动、贸易摩擦、竞争对手对广东外贸企业的威胁会比较小，发展灵活性更强。

这同样体现在数据上，2019年1—4月，民营企业进出口比重继续提高，进出口1.07万亿元，增长5.4%，占广东外贸进出口的50.2%，占比提升2.2个百分点。

从外贸大省跨向外贸强省，广东的提升空间和潜力在哪里？

□ 第125届广交会，采购商正在与参展商洽谈（石磊　肖雄 摄）

"广东要成为外贸强省，核心的问题还是创新。"他总结说，创新链有四个重要环节，其一是基础研究，广东应着力培育世界一流大学；其二要有世界一流的科研院所，这也是广东要提升的；其三是公共技术研究，为创新提供公共研发支撑，比如广州作为省会城市，商贸服务业发达，文化包容，有潜力为广东公共技术研究提供更多支撑；其四是开发试验研究，研发创新转化是大势所趋，对于构造世界一流的创新链，广东还有很大的提升空间。

张燕生总结说，目前，我国正在加快建设实体经济、科技创新、现代金融、人力资源协同发展的产业体系。广东要坚守实体经济，发挥政府和市场的作用，解决中小企业、创业企业缺少技术、人才、资金、渠道、品牌、转型经验和能力的问题。

在谈到粤港澳大湾区建设时，张燕生表示，如何缩小与发达经济体在外贸、航运、物流等方面的差距，是粤港澳大湾区发展需要思考的问题。

他建议，第一是能力建设，核心是人才，比如借助粤港澳大湾区的发展，吸引全球英才前来；第二是制度建设，广东要学习香港、伦敦自由贸易港的营商环境建设；第三是跨境流通，促进跨境人流、物流、资金流等。

（王彪　吕道励　黄应来）

广东省社科院副院长、研究员赵细康：

广东精准施策有利于构建区域发展新格局

在广东省社科院副院长、研究员赵细康看来，与其他省份相比，广东经济的优势和潜力非常显著，这突出体现在率先开展新旧动能转换上。

“作为全国率先开放的沿海省份，广东市场化程度高，参与国际竞争的时间长，抗风险能力强。”赵细康表示，广东率先遇到经济转型问题，也率先在新旧动能转换上积极探索，以创新驱动为龙头推进高质量发展的态势非常明显。

这样一组数字可以佐证：目前，广东高新技术企业数量位居全国第一，区域创新能力位居全国第一，PCT国际专利申请量占全国一半，深圳

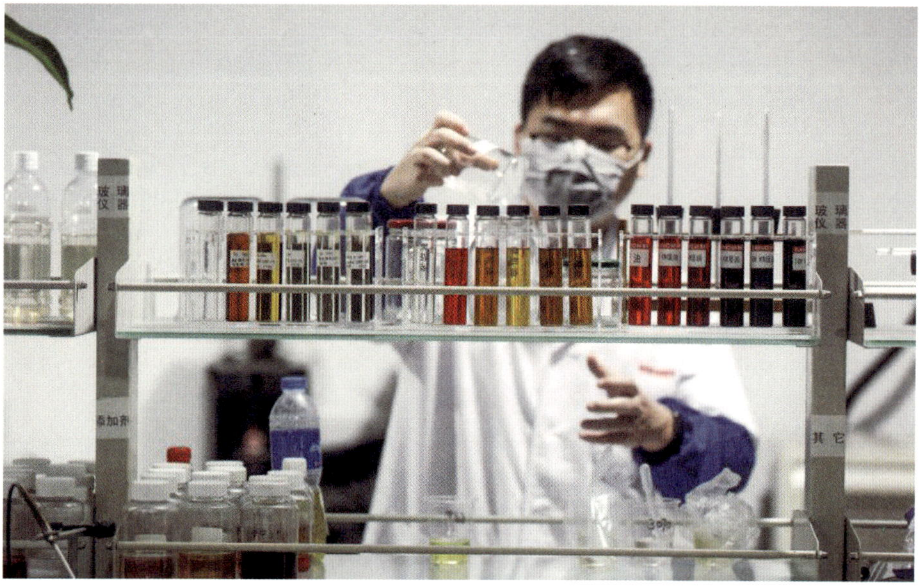

□ 为抢占润滑油的市场，广东三和化工科技有限公司于2018年组建了专门的研发机构（叶志文 摄）

等城市表现尤其突出；全省4万多家规模以上工业企业中，设立研发机构的已达35%，主营业务收入5亿元以上的工业企业实现全配备，同样位居全国前列。

不过，从分布上看，这些高新技术企业和研发机构主要集中在珠三角。省委十二届四次全会提出构建“一核一带一区”区域发展新格局，广东区域协调发展进入新的阶段。这也是赵细康近年关注的一个焦点。

“广东的区域经济格局是中国区域经济格局的缩影。广东提出‘一核一带一区’区域发展新格局，政策的精度更高，也顺应了国家区域发展格局优化的趋势。”赵细康表示。

沿着南北两千多公里的海岸线，东西宽两百公里的沿海地带，是中国重要的经济发展区域，包括珠三角在内的广东沿海经济带是中国沿海经济带的重要组成部分。这一方面为未来发展提供广阔腹地，另一方面也为推进粤东粤西加快发展提供很好的政策支撑。

赵细康表示，北部生态发展区和沿海经济带东西两翼，主要依靠差异化考核推进差异化发展。比如，生态发展区就要做好绿水青山的文章，经济发展更多靠财政转移和发展生态产业等。

“看广东区域发展不能只看单一指标，必须全面科学认识区域发展不平衡问题，做到精准施策。”赵细康表示，人均地区生产总值不能反映收入分配的变化，不能衡量区域内的贫富差距状况，也无法观察居民、政府和企业三者各自的收入构成和变化，往往夸大了区域发展不平衡性的严重程度。

从近年来的经济数据看，由于人口不断向珠三角集聚，21个城市的地区生产总值差距明显。但具体到细分指标，政府的财政收入差距最大，人均地区生产总值、居民收入特别是农村居民收入的差距相对较小。

据此，赵细康认为，经济数据的差距更多体现在政府收入上，由于政府收入的差距，导致部分区域的公共服务投入不足，是区域发展不平衡的重要因素。因此，要缩小区域发展差距，关键在于通过转移支付来保障和提升公共服务。

（王彪　昌道励　黄应来）

中山大学岭南学院经济学系主任、教授徐现祥：

广东商事制度改革成效正在不断显现

“近年来，经济发展从追求高速度向高质量发展转变，在此背景下，企业和政府都面临新的挑战。”中山大学岭南学院经济学系主任、教授徐现祥向记者表示，广东十多年来持续“腾笼换鸟”、加快产业转型升级、大力推进商事制度改革，成效正在不断显现。

广东市场主体登记注册时间从商事制度改革前的9.4天下降至2018年的2.7天，所需交涉窗口数从商改前的3.5个下降至2018年的1.6个，所需办理证件数从商改前的4.5个下降至2018年的1.8个……2019年初，中山大学“深化商事制度改革研究”课题组发布《全国视野下的广东商事制度改革——市场主体调查报告》，调研发现，51%的广东市场主体认为营商环境有改善，接近全国最佳。调研投票结果显示，广东营商环境位列全国第二名。

作为该调研组负责人，徐现祥从中期和长期两个时间尺度对广东优化营商环境提出建议：从中期看，随着营商环境优化，广东的市场主体数量快速增长，徐现祥认为，下一步政府应通过加强市场监管、实施市场中性政策等措施打造公平竞争的市场环境，让超过1100万的市场主体支撑高质量发展；从长期看，广东应该进一步推动市场开放，进一步开放现代服务业等领域。

“如果说降低准入门槛让市场这个‘池塘’有更多的发展‘活鱼’，现在应该开辟更多池塘，让市场主体有更大的发展空间。”徐现祥表示，广东经济发展，最关键是靠市场。徐现祥分析认为，随着产业升级，广东企业正在进入产业链的中高端乃至“无人区”，在此情况下，政府应该完善市场规则、做好市场监管，引导资本市场配合，加强人才特别是研发人才培养，让市场主体之间充分竞争，让更多优质企业脱颖而出。

“广东对外开放程度高，受国际市场影响大，当国际市场出现波动

□ 广州市南沙区政务中心深化商事制度改革，创新打造一流营商环境（刘力勤 摄）

也就首先受到冲击，反过来说，当国际市场环境好转，广东也将最先受益。”徐现祥表示，随着广东对外出口的产品和服务向中高端升级，销售市场和竞争对手都在发生变化，面临的压力也更大，但广东只要迈过这个“坎”，就能获得更大的发展机遇。

要实现这一点，需要大量人才。广东历来是吸引人才聚集的发展热土。根据往年情况，预计2019年除省内约57.6万高校毕业生和10多万技术院校毕业生，还将吸引省外约20万高校应届毕业生到广东就业创业，徐现祥认为，广东一方面应继续加大对省外高校毕业生的吸引力度，另一方面，还要加大省内高校的建设力度，特别是着力发展本科教育，建设更多的研究机构、实验室，实现可持续的人才供给。

（王彪　吕道励　黄应来）

中国工程院院士、中国互联网协会理事长邬贺铨：

我国5G商用条件比美韩更成熟

2019年6月6日，工业和信息化部向中国移动、中国电信、中国联通和中国广电颁发了5G商用牌照。我国成为继韩国、美国、瑞士、英国之后，全球第五个5G正式商用的国家。这标志着我国5G商用元年开启。

然而，5G虽然是目前全球最热的词，但它究竟是会给中国和世界通信产业格局，以及经济发展带来哪些变化？我国目前5G发展的真实水平如何？离大规模商用还有多远？日前，记者在广东院士联合会协助下，专访了中国工程院院士、中国互联网协会理事长、广东院士联合会创会会长邬贺铨，解码这些有关中国5G的答案。

“中国5G商用时机已成熟”

南方日报：您能否简单介绍一下什么是5G?

邬贺铨：5G是新一代的宽带移动通信技术，它和前几代的不同在于，1G到4G基本上是面向个人的：1G使我们可以不用固定电话，手持电话即可通话，但还不能完全覆盖；2G让手机到哪里都可以通话；3G不仅能打电话，还可以上网；4G可以发送视频，微信因为4G所以其能力更强大了。

而5G不仅是面向消费者的应用，它更是面向智慧城市、车联网和产业的应用。所以说，4G改变生活，5G却能改变社会，会扩展到更多的应用。

南方日报：近年来全球兴起对5G技术的高度关注，此前韩国和美国争相发放世界首张5G商用牌照，但应用后似乎反映不太好?

邬贺铨：对，韩国比美国提前2个小时发放商用牌照，但其开始时只有6个终端，而且它的5G只能提供宽带，并不能提供5G其他能力。

美国5G采用的是高频段，也叫毫米波频段。这种传输的距离比较短，而且容易受到树叶、建筑物的影响。

另外，韩国和美国的5G网络都没有变，是基于原来的4G网络，靠5G的基站与终端得到宽带的业务，但无法充分发挥高可靠、低时延和大连接等特点，所以效果没那么好，系统也不够稳定。

南方日报：我国5G商用的条件是否已经成熟?

邬贺铨：我国启动5G的商用跟发达国家同步。而且，我们的商用条件比美国、韩国等国家都要成熟。这是因为：第一，华为相比其他的供应商，基站更成熟、更轻便、功耗较低，华为5G基站对外发货已经超过10万个；第二，华为已经生产终端了，芯片也是自己的，因此竞争力相当突出。

南方日报：中国的5G实力在世界上的真实水平是怎样的?

邬贺铨：中国提出与5G有关的专利总数，目前还没有确切的统计。但业内公司最重视的是标准必要专利，也就是写入5G标准里面有多少专利，这才是技术分量中最重要的。华为在这方面是世界领先的，而中国几家大

□ 全球首例！深圳地铁11号线试行5G无线通信。图为已运用5G技术的深圳地铁11号线（鲁力 摄）

公司加起来的标准内专利总数更加有优势，占到全球5G标准必要专利总数的30％以上。5G的实力还体现在产业上，与其他国家相比，中国的5G产业链最全。

“广东5G技术和产业基础雄厚”

南方日报：*在您看来，成熟的5G应用会体现在哪些方面？*

邬贺铨：一是带宽，现在4G的峰值速率在100M左右，5G在毫米波段时大约为20G，即便不是毫米波，在6GHz以下的频段，也有G比特量级的峰值速率，对应的情形是，在终端可以看8K电视，使用虚拟现实（VR）和增强现实（AR）时，能获得很好的体验。

第二个我们称为高可靠、低时延。5G是按照500公里/小时的运动速度设计的，意思就是如果高铁时速到达500公里时，终端还能稳定地看视频、通话等，这在4G时代是做不到的。

另外，它将无线端口的时延从过去的10毫秒压缩到1毫秒。这意味着，在高速公路上即使每小时200公里的时速，车联网也可以借助5G给出快速的反应，避免交通事故，因此，5G未来会促进辅助驾驶、无人驾驶的应用。5G的高可靠性不仅可用在车联网，还适用于远程医疗和工业互联网等场景。

第三个就是大连接，就是一平方公里能连接多少个传感器到网络。5G时代，1平方公里能连接100万个终端，而4G时只能连接10万个终端。为什么要连接这么多呢？比如说，8车道公路上有很多车，每台车都有几十甚至上百个传感器，车联网大连接可以同时接入这些传感器，实现车与车以及车与路之间的通信，便于交通协调与管理。

南方日报：这些都是5G最好的应用场景吗？

邬贺铨：真正5G在什么场景应用最好？目前谁也说不准。就像3G刚出现时大家不会想到微信这么火，4G出现时也不知道视频和移动支付这么火。近几年，随着4G的升级以及提速降费，短视频等兴起来了。所以移动通信业务基本都要待网络能力具备以后，才不断被开发出来。不过，并不意味着网络不需要做什么准备，5G的网络采用面向服务的架构，该平台以类似APP的开放方式来生成业务，可灵活适应业务的未来发展。5G的发展，关键要靠应用和市场驱动，只有给用户创造了价值，他们才会去买5G的业务和终端。

南方日报：您作为广东人，也是广东院士联合会创会会长，比较了解广东的产业状况。您认为，5G对广东产业发展具有怎样的意义？

邬贺铨：从全国范围来说，广东在发展5G方面具有雄厚的技术和产业基础。华为和中兴两大通信巨头总部都在广东，都在做5G。而华为在5G技术上已经走在世界前列。广东也是全球移动通信终端的基地。5G与内容服务相互促进，广东有腾讯等互联网企业，会基于5G开发出更多与人工智能相结合的移动互联网应用。

同时，5G和高清电视结合将推动电视产业的升级，给电视产业带来新的应用方向和市场。而广东是电视产业的聚集地，实力雄厚，5G技术将为广东电视产业带来新的发展机遇。

5G将移动通信从面向消费者扩展到面向产业应用，广东正在建设先进制造业基地，5G将推动工业互联网发展，强力支撑产业转型升级。

另外，广东当前大力发展人工智能技术的研发和产业，如深圳有鹏城实验室，佛山有智能制造研究院。5G与物联网、人工智能的结合，对广东高科技产业发展大有裨益。同时，广东正积极融入粤港澳大湾区建设，5G在智慧城市的建设方面也将发挥重要作用。

“大规模商用需解决基站数量和终端价格问题”

南方日报：您认为我国何时才能实现5G的大规模商用？

邬贺铨：5G可以与4G基站同址，但现有的4G基站数量是远远不够的。5G需要的基站数是4G的4—5倍，基站的建设包括室内的覆盖需要一个过程。

另外，现在的5G终端还比较贵。随着网络覆盖范围加大，5G的用户数增加，5G手机成本将随规模扩大而下降，其价格会与4G终端相当，消费者自然而然就会换5G手机，商用的规模也就越来越大。以4G为例，从出现到当前的应用规模，大约用了6年时间；5G要实现这个规模，预计需要8—10年时间。

南方日报：我国要实现5G大规模商用，还需要解决哪些问题？

邬贺铨：5G提速还有诸多瓶颈，芯片和操作系统等基础核心技术需提高自主可控水平，毫米波频段的产业差距需尽快弥补，毫米波频段已分配的应用还需要协调，以便为5G腾出频率空间。

6年来，4G网络建设到目前的水平大约花费了8000亿元；如果5G要建成大规模商用，约需要1万亿元甚至更多。因为5G的频率高、容量大，所需要的基站数量比现在多得多。

除了投资，基站的建设还需要解决选址问题，一些人担心5G基站的电磁辐射，事实上，我国移动通信基站辐射标准比欧美要严格很多，而且5G因蜂窝半径小，发射功率还会低一些。

未来5G的价值，将会更多体现在产业数字化上，这需要得到垂直行业的密切配合。

（吴珂　林亚茗）

信息消费联盟理事长、通信行业专家项立刚：

广东5G产业将极大促进高端产业发展

“广东发展5G有着得天独厚的优势，也容易取得比较好的成效。”信息消费联盟理事长、通信行业专家项立刚表示，他对广东的5G发展非常看好，充满信心。

他认为，不管从设备制造、手机品牌、网络部署，还是通信消费能力、软件应用开发能力等各方面，广东都领先全国，在世界范围内也具有很强的竞争力。

“其一，广东既有世界级通信制造商，还有全球知名的手机厂商，具有很强的制造能力和品牌影响力；其二，广东通信业的收入远远超出其他省份，大约占据全国十分之一到八分之一的份额；其三，广东还有腾讯、网易这样的互联网公司，开发出亿万大众使用的微信等软件。”项立刚说，5G将对广东的系统设备、手机制造、业务开发等方面带来巨大的市场机会。

他举例说，广东是世界手机制造的重要基地。近年来，由于4G换机潮结束，手机整体销售增长出现下滑。5G时代到来后，将再次迎来换机潮，对手机产业将是巨大的促进。此外，中国已经发放5G牌照，这将在系统设备领域促进有关企业发展。

从产业布局看，《广东省加快5G产业发展行动计划（2019—2022年）》提出要重点发展八大领域：5G+智能制造、智慧农业、4K/8K超高清视频、智慧教育、智慧医疗、智能交通、智慧政务、智慧城市。目标形成万亿级5G产业集聚区，5G整体技术创新能力世界领先。

项立刚表示，从产业发展规律看，5G产业首先发展的将是与通信直接相关的领域，其次将是智能家居等领域，再进一步向社会管理、移动医疗、智能交通等领域发展。

□ 2019年5月17日，全国首条5G公交运营线路在广州正式开通（刘力勤 摄）

“一定要占据产业技术的制高点，特别是加强作为芯片研发制造基础的稀土提炼、晶圆制造技术能力，这是最基础的底层能力，将极大促进高端产业发展，提升中国的整体技术能力。”项立刚指出，5G的价值就是让社会效能更高、成本更低，将促进整个社会经济的发展。

（肖文舸　王彪）